土井英司の超ビジネス書講義

これからのビジネスに必要なことは
すべてビジネス書が教えてくれる

「ビジネスブックマラソン」編集長
土井英司

Discover

まえがき

『土井英司の「超」ビジネス書講義』へようこそ！

この本は、毎年およそ五〇〇〇冊出されているビジネス書の約二割、一〇〇〇冊を読んでいる僕が、ビジネス書を使って「時代の潮目を読む」技術を紹介した本です。

僕はこの技術を使って、アマゾン在籍時代には、第一回カンパニーアワードを受賞し、独立後はリーマン・ショックや東日本大震災があったにもかかわらず、七年連続で増収増益。出版プロデュース事業では、一〇万部を超すベストセラーを毎年最低一冊は出しています。昨年二〇一一年は、主宰する「ベストセラークラブ」から、ミリオンセラーがひとつ生まれています。これで会員さんのミリオンセラー達成は二人目です。

なぜ、こんなに厳しい時代に業績を上げられるのか？
それは、以下の三つを忠実に実行しているからです。

1　時代の波に逆らわない
2　人々のニーズを冷静に見極める
3　誰も提供できていないサービスを「逆張り」で提供する

要するに、時代を読め、ということですが、極論を言えば、この三つが実行できている人は、どんな時代にあっても「食いっぱぐれない」人になれるのだと、僕は思います。

では、どうやって「時代を読む」のか。

じつは、その鍵は「ビジネス書」が握っているのです。

しかるべきビジネス書を、しかるべき読み方で読む。そうすることで、ビジネスチャンスはいくらでも見えてきます。

ここで、のっけから言ってしまいましょう。

すべてのビジネス書は陳腐化します。

時間の経過とともに、あっさりと劣化します。

誰もがこぞって買ったベストセラーも、「×万部突破！」と新聞や電車の広告をにぎわせていた本も、数年経てば「ああ、そんな本もあったっけ」と忘れ去られていきます。

本棚からふと古いビジネス書を見つけ出し、「こんなところに赤ペンで線を引いてるよ。俺もあの頃は、こんなことしてたんだな」などと遠い目になったことが、あなたにもあるかもしれません。

それゆえに、「ビジネス書なんてくだらない」という人が大勢います。

それゆえに、「ビジネス書が愛しくてたまらない」と僕は思います。


ビジネス書のほとんどが陳腐化するのは、役割からすれば、ごく当然のことです。

最たる理由は、ビジネス書は時代を映すものだから。

たとえば、一九九五年の「ビジネス書ベスト10（トーハン調べ）」では、『[図解]60分でわかるPHS』（息吹友也著、PHP研究所）が第六位につけています。これをあなたは笑うでしょうか？「ほら見ろ、ビジネス書なんてたちまち古びる一過性のものだ」と軽視するでしょうか？

しかし一九九五年には、確実にこの本が役立ったというPHSユーザーが大勢いたはずです。この本が消えていったのは（アマゾンのユーズドでは未だ手に入るようですが）、役に立たなかったからではなく、役割を終えたからです。

僕たちが今フル活用し、もっと使いこなしたいと感じているスマートフォンも、いつか役割を終えて、別のデバイスに移行するはずです。だからといって、「スマホなど役に立たない」という話にはなりませんし、「スマホについてのビジネス書＝無駄なもの」と決めつけることもないのです。

比喩的に言えば、ビジネス書とは食品のようなものです。

旬がある。鮮度が命。いいものであればあるほど、「腐って当然」です。旬で鮮度のいい食品は、栄養価が高くて味がいい。一瞬をとらえて消費していくのが食品であり、「高いお金を出して買った旬の魚なのに、二年ほど寝かせたら腐って食べられなくなっていた」と不満に思う人はいないでしょう。ビジネス書にも同じことが言えます。

時代の先端で生きて、働いて、もがいている人のためにビジネス書はあります。〝今〟に対応するために、年間およそ五〇〇〇冊ものビジネス書が刊行されています（二〇一一年は四九三二点。「出版指標年報」より）。

「ビジネスパーソンという名の〝実務家〟として、時代の変化にどう適応するか？」
「自分自身、あるいは携わっているビジネスを成長させるには何をすべきか？」
その答えを書いたものがビジネス書ということです。

セネカは紀元前一年頃、アリストテレスは紀元前三八四年頃の生まれですが、彼らの本は今でも文庫で気軽に読むことができ、読めば大いに学びがあります。こうした哲学書が〝長生き〟なのは、真の事象が抽象化されているためです。

「本は抽象と具象のバランスでジャンルが決まる」というのが僕の考えですが、ビジネス書は圧倒的に具象の割合が高い。〝抽象成分九〇％以上〟の本を哲学書とするなら、〝具象成分七五％以上〟でないと、ビジネス書とは言えないでしょう。

なぜなら抽象成分というのは、内容を我がものとするためには、自分で解釈する多くのプロセスを必要とします。セネカやアリストテレスが大多数の人にとっては〝すいすい読めちゃう面白本〟ではないのもそのためです。

ほとんどのビジネスパーソンにはあり余る時間もありませんし、ビジネス書は本来、〝読むことを目的とするもの〟ではなく、〝時代の変化に合わせて仕事をするためのもの〟です。

ビジネスパーソンであれば、「できるだけ具体的に加工された真の事象を、手っ取り早く吸収したい」と考えるのが自然です。本の解釈に貴重な時間を充てるよりも、「本から素早く吸収した知恵やノウハウを、自らのビジネスにどう役立てるかを考える時間がほしい」となる人が圧倒的多数ではないでしょうか。

本を人生に役立てたいときに読む哲学書と、本を目の前の仕事に役立てたいときに読むビジネス書は、あきらかに用途が違っており、どっちが上か下かと論じるのはあまり意味がありません。

もちろん、ひとくくりにビジネス書といっても、抽象と具象の割合は本によって違います。ビジネス書のなかには、哲学や志、ビジョンを語ったものもありますが、多くは戦略や戦術、仕事の最前線で使える〝武器〟を扱っています。最新の武器を知らなければ、戦いには勝てません。哲学や志、ビジョンを持っていても、強力な武器がなければ負けてしまうのは、歴史が語るところです。

ヨネックスの米山稔会長は、自著『**ヨネックス米山稔　負けてたまるか。**』（日経ビジネス人文庫、２００６）で、同社がかつて漁網の浮きをつくっていた頃、ナイロン、プラスチックなどの材料革命に乗り遅れたことを、こう言って後悔しています。

私は心底、反省した。情報収集を怠り、技術で後れをとった。『石油の時代』がナイロン、プラスチックという新材料を生み、漁業の現場を一変させつつあることに、どうして気づかなかったのか。

（同書P43）

これまでのべ一万七〇〇〇冊、さまざまなジャンルの本を読んできた僕ですが、その多くはビジネス書です。ビジネス書の出版プロデュース、書評、著者の育成を手がけ、本書を執筆している二〇一二年五月一〇日時点で二八五〇号となる日刊メールマガジン『ビジネスブックマラソン』を発行しています。

僕がビジネス書を読む理由は、自分自身が経営者であり、実務家だからにほかなりません。さらにいえば、ビジネス書に込められている〝現場の人たちの小さなイノベーション〟を世の中に伝えることに、生涯を捧げたいとも思っています。

そもそも僕がビジネス書に魅せられたのは、会社経営をしていた父の影響でした。父からもらったある経営者の自伝を読み、さまざまな制約を乗り越えるアイデア、困難と闘う不屈の精神に感動しました。

以来、ビジネス書にはまり、社会人になってからはビジネス書のもつ実用性に驚きました。プライドばかり高く、カラ回りしていたサラリーマンの僕が、グローバル企業アマゾンで第一回カンパニーアワードをいただくことができたのは、すべてビジネス書のおかげです。経営者となってからも増収増益を続けられているのは、ひとえにビジネス書のおかげなのです。

僕の父は、経営が苦しかったとき、酒びたりになり、体を壊しました。胃癌を患い、四〇代前半で入院、手術で一命をとりとめるも五五歳で再び入院し、危篤状態に。最終的に肝硬変で六六歳の生涯を終えました。僕がもっと早くビジネスに精通し、アドバイスできていれば、いやせめて同じレベルで経営の話を共有できていれば、父はアルコールに逃げずに済んだかもしれません。

だから今は、できるだけ多くの〝現場のイノベーション〟や〝アイデア〟を知り、世に伝えたい。これに生涯を捧げたいと思っています。

個々のビジネス書は陳腐化していこうと、それを消費したビジネスパーソンは進化していってほしいし、そうなるはずだと僕は信じています。

さらに、時間が経つほど重みを増す、熟成されたワインのような定番ビジネス書についても、もっと多くの人に知ってほしい。本書がその道しるべになればとも考えています。

この本では、陳腐化するからこそ時代を映しだすビジネス書のトレンド変遷を通じて、時代の潮目を読み解いていきます。時代の節目ごとに、はたしてどのようなビジネス書が消費され、世のビジネスパーソンに活用されていったのかについても、改めて検証していきます。

第1章　「時代の振り子」はこうして揺れ動いてきた
第2章　ビジネス書のトレンドから「時代の潮目」を読む
第3章　テーマ別トレンドと「今が旬」のお薦め本紹介
第4章　コモディティから抜け出すためのビジネス書の選び方・読み方

本書はこの四部構成で論を展開します。そのなかで、ビジネス書ではないけれどビジネスパーソンに必要な歴史書、哲学書、サイエンス書についても言及します。

蛇足ながら申し添えれば、いずれ陳腐化するのではなく、出た瞬間からすでに陳腐という、いわば〝残念なビジネス書〟についても、容赦なく俎上に載せるつもりです。
本書が陳腐化するその前に、存分に活用していただければ幸いです。

二〇一二年五月

エリエス・ブック・コンサルティング代表取締役　土井英司

土井英司の「超」ビジネス書講義

【目次】

まえがき

◉第2章

ビジネス書のトレンドから「時代の潮目」を読む——79

◉第4章 コモディティから抜け出すためのビジネス書の選び方・読み方

ビジネス書年間ベストセラー（1995 ／ 2011）
ビジネス書年大賞総合ランキング（2010 － 2012）

ビジネス書　年間ベストセラー　1995年

順位	タイトル	著者名	出版社名
1	堀田力の「おごるな上司!」	堀田力	日本経済新聞社
2	「大変」な時代	堺屋太一	講談社
3	人間を幸福にしない日本というシステム	カレル・ヴァン・ウォルフレン	毎日新聞社
4	お役所のご法度	宮本政於	講談社
5	知の論理	小林康夫 他編	東京大学出版会
6	[図解] 60分でわかるPHS	息吹友也	PHP研究所
7	かくて昭和史は甦る	渡部昇一	クレスト社
8	図解　PL法が見る見るわかる	長井導夫	サンマーク出版
9	トム・ピーターズの経営破壊	トム・ピーターズ	TBSブリタニカ
10	ラビ・バトラの大予言	ラビ・バトラ	総合法令出版

*トーハン調べ　http://www.1book.co.jp/000574.html

ビジネス書　年間ベストセラー　2011年

順位	タイトル	著者名	出版社名
1	もし高校野球の女子マネージャーがドラッカーの『マネジメント』を読んだら	岩崎夏海	ダイヤモンド社
2	人生がときめく片づけの魔法	近藤麻理恵	サンマーク出版
3	9割がバイトでも最高のスタッフに育つディズニーの教え方	福島文二郎	中経出版
4	日本中枢の崩壊	古賀茂明	講談社
5	エッセンシャル版 マネジメント 基本と原則	P.F. ドラッカー 上田惇生 編訳	ダイヤモンド社
6	働く君に贈る 25 の言葉	佐々木常夫	WAVE 出版
7	稼ぐ人はなぜ、 長財布を使うのか？	亀田潤一郎	サンマーク出版
8	憂鬱でなければ、仕事じゃない	見城徹 藤田晋	講談社
9	死ぬまで仕事に困らないために 20 代で出逢っておきたい 100 の言葉	千田琢哉	かんき出版
10	「20 代」でやっておきたいこと	川北義則	三笠書房

*トーハン調べ　http://www.tohan.jp/cat2/year/2011_4/

ビジネス書大賞2010　総合ランキング

順位	タイトル	著者名	出版社名
1	ブラック・スワン	ナシーム・ニコラス・タレブ	ダイヤモンド社
1	人を助けるとはどういうことか	エドガー・H・シャイン	英治出版
1	「結果を出す人」は ノートに何を書いているのか	美崎栄一郎	ナナ・コーポレート・コミュニケーション
4	働く幸せ	大山泰弘	WAVE 出版
4	整理 HACKS!	小山龍介	東洋経済 新報社
6	天才！	マルコム・グラッドウェル	講談社
7	不透明な時代を見抜く 「統計思考力」	神永正博	ディスカヴァー・トゥエンティワン
7	「20 円」で世界をつなぐ仕事	木暮真久	日本能率協会マネジメントセンター
7	新世紀メディア論 - 新聞・雑誌が死ぬ前に	小林弘人	バジリコ
7	会社人生で必要な知恵はすべて マグロ船で学んだ	齊藤正明	マイコミ 新書
7	ウェブはバカと暇人のもの	中川淳一郎	光文社新書

■選考方法　第1次選考……70名の選考委員による審査。2008年11月～2009年10月に刊行された書籍の中から「ビジネスパーソンにとって学びや気づきがある本」5冊を投票し、投票数上位よりノミネート書籍を選出／第2次選考……第1次選考を経てノミネートされた書籍に対し、Twitterによる一般投票。投票数により順位を決定／第3次選考……第1次選考の順位と第2次選考の順位の平均値で総合順位を決定。総合順位上位作品、および各選考委員別集計の上位作品より、実行委員の協議により各賞を決定。（本書ではランキングのみ紹介。各賞は略）

ビジネス書大賞2011　総合ランキング

順位	タイトル	著者名	出版社名
1	ストーリーとしての競争戦略	楠木建	東洋経済新報社
2	もし高校野球の女子マネージャーがドラッカーの「マネジメント」を読んだら	岩崎夏海	ダイヤモンド社
3	20歳のときに 知っておきたかったこと	ティナ・シーリグ	阪急コミュニケーションズ
4	フリー〈無料〉からお金を生みだす新戦略	C・アンダーソン	NHK出版
5	イシューからはじめよ	安宅和人	英治出版
6	働く君に贈る25の言葉	佐々木常夫	WAVE出版
7	スティーブ・ジョブズ 驚異のプレゼン	カーマイン・ガロ	日経BP社
8	デフレの正体	藻谷浩介	角川one テーマ21
9	そうか、君は課長になったのか。	佐々木常夫	WAVE出版

■選考方法　第1次選考……約80名の選考委員による審査。2009年11月～2010年12月に刊行された書籍の中から「ビジネスパーソンにとって学びや気づきがある本」3冊を投票し、投票数上位よりノミネート書籍を選出／第2次選考……第1次選考を経てノミネートされた書籍に対し、50名の審査員による二次投票。1～3位までの作品に投票して、1位3点、2位2点、3位1点で集計、下記のように総合順位を決定。また最終審査会での協議により各賞を決定した。（本書ではランキングのみ紹介。各賞は略）

ビジネス書大賞2012　総合ランキング

順位	タイトル	著者名	出版社名
1	僕は君たちに武器を配りたい	瀧本哲史	講談社
2	スティーブ・ジョブズ（Ⅰ）（Ⅱ）	ウォルター・アイザックソン	講談社
3	スティーブ・ジョブズ 驚異のイノベーション	カーマイン・ガロ	日経BP社
4	グレイトフル・デッドにマーケティングを学ぶ	デビッド・ミーアマン・スコット ブライアン・ハリガン	日経BP社
5	采配	落合博満	ダイヤモンド社
6	入社一年目の教科書	岩瀬大輔	ダイヤモンド社
7	自分のアタマで考えよう	ちきりん	ダイヤモンド社
8	ザ・ラストバンカー 西川善文回顧録	西川善文	講談社
9	究極の判断力を身につけるインバスケット思考	鳥原隆志	WAVE出版

■選考方法　第1次選考……65名の選考委員による審査。2011年1月～12月に刊行された書籍の中から「ビジネスパーソンにとって学びや気づきがある本」3冊を投票し、投票数上位よりノミネート書籍を選出／第2次選考……第1次選考を経てノミネートされた書籍に対し、50名の審査員による二次投票。1～3位までの作品に投票して、1位3点、2位2点、3位1点で集計、下記のように総合順位を決定。また最終審査会での協議により各賞を決定。（本書ではランキングのみ紹介。各賞は略）

第1章

「時代の振り子」はこうして揺れ動いてきた

基本原理は『自由からの逃走』にある

歴史は波状に推移します。人の心は、寄せては返す波のように移り変わります。これを最も端的に書いた本こそ、エーリッヒ・フロムの代表作『自由からの逃走』（東京創元社、1951）でしょう。

自由は近代人に独立と合理性とをあたえたが、一方個人を孤独におとしいれ、そのため個人を不安な無力なものにした。

こう述べたユダヤ系の社会心理学者フロムは、ヒトラーが支配するナチスドイツから亡命し、一九四一年にアメリカでこの本を刊行しました。

『自由からの逃走』にはよく知られているとおり、人がなぜファシズムや全体主義にとらわれていくかが非常にわかりやすく書かれています。全体主義から逃れ、ようやく手にしたはずの自由であっても、しばらくすると重荷になってくるということも、この本を読めば理解できます。支配から逃れて自由になったとたん、再び支配を求めてしまう人間心理を鋭い洞察で描き出したという意味で、稀有な名著といっていいでしょう。

人は振り子のように揺れながら歴史を刻んでいきます。革命、戦争、反勢力の台頭によって王様もしくは独裁者が支配する全体主義は個人主義となり、個人主義になれば全体主義がよしとされます。

自由を得ればさびしくて愛を求め、愛を得ると息苦しくて自由が欲しくなる。

小から大へ、大から小へ。

重から軽へ、軽から重へ。

混沌から秩序へ、秩序から混沌へ。

一つの価値観が飽和すると、対極にある価値観へと振り子は揺れます。

貧しい人が豊かさを求めて必死に努力し、ようやくありあまる富を手に入れても、そこで満たされるのではありません。豊かになると今度は「貧しさこそ清らかで美しい」と感じます。だからといって本当に貧しくなってしまうと、「なんてことだ。また豊かになりたい」と渇望するのが人の心です。

戦後の日本人は貧しさからスタートし、豊かさを追い求めてきました。しかし、その豊かさが飽和しているのは、今の僕たちみんなが実感していることです。

豊かさの追求であるビジネスも、波状に推移しています。

たとえば、「天皇という強力なリーダーのもと、全国民が一致団結する」という明治以降の日本のモデルは、第二次世界大戦終戦で崩壊しました。多くを失い、散り散りばらばらになった状況に、突然アメリカが「自由」という考えを持ち込んできます。全体主義を否定し、自由を知り、「では、どう生きるか？」と問われた日本人は戸惑います。

起業家気質の人には、大チャンスの到来。終戦を契機に現在の基盤を築いた事業家もいます。しかし、ほとんどの人はいきなり個人として生きられません。大多数の日本人が戸惑ったのは無理もない話でしょう。

そこで登場した新たなリーダーが「社長」です。会社というシステムは、個人の自由を確保しながら、どこかにつながりをもてるという絶妙な折衷案でした。また、圧倒的品不足だった時代ですから、つくれば売れる。生産性を高めれば儲かる。会社に忠誠心をもつ社員すなわち労働力を集めることは、経営する側にも非常に都合がいいことでした。だからこそ、このビジネスモデルは時代に適応し、高度経済成長に結びついていったのです。

◉ものづくりの時代だからハマった松下幸之助の思想

高度経済成長の時代に一世を風靡したビジネスリーダーが、松下幸之助。「経営の神様」と呼ばれた彼の影響力は今なお健在であり、幅広い層に「すばらしい教え」として語り継がれています。著書は版を重ね続け、あらゆる企業のミーティングでしばしば引用されています。

彼はまさに〝ものづくりの人〟。本田宗一郎も同じ系譜です。

〝ものづくりの人〟が社員に推奨するのは、基本的に滅私奉公。工場をつくり、人を集め、そのうえで発する社長のメッセージは、「頑張りなさい」のひと言に尽きます。松下幸之助のすべての訓話は「頑張れば報われる」というシンプルな話です。

代表作『**道をひらく**』（松下幸之助著、ＰＨＰ研究所、１９６８。現在ＰＨＰ文庫）には数々の珠玉の名言がありますが、本書ではこれを本音のメッセージとして読み解いてみましょう。

いま立っているこの道、いま歩んでいるこの道、ともかくもこの道を休まず歩むことである。

（文庫版Ｐ11）

いかにも哲学的で本質を突いた言葉に感じられますが、「休まず稼働すれば工場の生産性は上がる」という解釈もできます。この時代は人件費より設備費が高かったので、大金をはたいて導入した機械をフル回転させ、昼夜を問わず機械が最大限稼働してこそ、儲かります。機械は休みませんから、人間もそれに合わせて休まないことがモノづくり時代の成功法則なのです。もうワンフレーズ見てみましょう。

一つの峠を越えてホッと息をついたら、また次に峠が控えていて、その峠を越えると、やっぱり次にまた峠がつづいていて、だからとめどもなく峠がつづいて、果てしもない旅路である。これもまた人生の一つの真実である。

（文庫版Ｐ24）

工場のベルトコンベアーをイメージしてください。一個の部品を組み立てると、すぐ次の部品が控えていて、「ああ、やっと三〇〇〇個つくった。峠を越えた」と一息つこうかと思えば新たな発注が来て、また次の峠がやってくる。こうした果てしない労働の旅路に人生を捧げてくれる社員がいれば、工場は安泰である……。こうして見れば、松下幸之助の思想は「生産工場の成功法則」だとも言えるでしょう。

彼の本が古典となった一因には、この考え方でみんな幸せになれた時代が長く続いたことがあります。時給もしくは固定給で指示どおり同じことを繰り返していれば、ちゃんと報われる。長く勤務すれば作業に習熟して、さらに生産性が上がる。出世できる。そんなシステムがあったからこその真実だったのです。

> 時を得ぬ人は静かに待つがよい。大自然の恵みを心から信じ、時の来るを信じて、着々とわが力をたくわえるがよい。着々とわが力をたくわえる人には、時は必ず来る。時期は必ず来る。
> （文庫版P109）

事実、松下幸之助にはこんなエピソードもあります。グループ会社の松下乾電池株式会社で開かれた懇談会の場で、もともと無線がやりたくて入社した新入社員が、幸之助に不満を述べるシーンです。

「私は会社をやめようと思ったんです。今からでは行くところもありませんので、まだいますけど、松下電器はエゲツない会社やと思います」

「わしにだまされたと思って十年間辛抱してみい。十年辛抱して、今と同じ感じやったら、わしのところにもう一度来て、頭をポカッと殴り、『松下、おまえは、おれの青春十年間を棒に振ってしまった！』と大声で言ってやめたらいいやないか。わしは、たぶん殴られんやろうという自信をもっておるんや」

結局、この社員は、20年後に乾電池工場の工場長になったそうです。

（『エピソードで読む松下幸之助』ＰＨＰ総合研究所著、ＰＨＰ新書、２００９／Ｐ24）

工場長にはなれなくても、社宅があるから持ち家も確保できたし、定収入があるから家族も養える。テレビも洗濯機も冷蔵庫も買えるし、定年になれば退職金も入る。かつての価値観で言えば、本当に報われたわけです。

しかし、今でもそっくりそのまま「時は必ず来る」という考え方が通用するかと言えば、僕は違う気がします。松下幸之助がわが国のビジネスシーンに与えた影響と功績は素晴らしいですし、ここではいちいち引用しませんが、今の時代にも十分に当てはまる名言もたくさんあります。しかし、さきに述べたような時代性を考慮せずに、「時は必ず来る」と、経営者や管理職の方が朝礼で繰返しネタにしているとしたら、それは一考の余地があるのではないか、ということです。

◉ 佐藤可士和がささやく「情報産業時代」の到来

アルビン・トフラーの『第三の波』（鈴木健次ほか訳、日本放送出版協会、1980／徳岡孝夫監訳 中公文庫、1982）に先駆けて、情報化社会の到来を予言した天才、故・梅棹忠夫。民俗学、比較文明学の権威で、国立民族学博物館の初代館長としても知られている氏がまとめ、大反響を呼んだのが『情報の文明学』（中央公論新社、1988）です。

同書は六三年に発表された論文「情報産業論」がもとになっており、「農業の時代」「工業の時代」「精神産業の時代」という産業の流れを、発生学の概念を用いて説明しています。

つまり、農業の時代を「消化器官系を中心とする内胚葉諸器官の機能充足」（内胚葉産業）、工業の時代を「筋肉を中心とする中胚葉諸器官の機能の拡充」（中胚葉産業）、精神産業の時代を「脳あるいは感覚器官の機能の拡充」（外胚葉産業）の時代であるとし、人類の産業史を、「いわば有機体としての人間の諸機能の段階的拡充の歴史であり、生命の自己実現の過程である」と喝破したのです。

この説明で言うならば、松下幸之助が生きた「工業の時代」は、「筋肉を中心とする中胚葉諸器官の機能の拡充」（中胚葉産業）の時代であり、アップルやフェイスブックが隆盛している現在は、「脳あるいは感覚器官の機能の拡充」（外胚葉産業）の時代といえると思います。

「外胚葉産業＝情報産業」と定義すれば、代表とされるのはアップルやフェイスブックだけではありません。脳と感覚器官に訴えるデザインもまた、情報産業を代表するものと言えるでしょう。その意味で、『佐藤可士和の超整理術』（佐藤可士和著、日本経済新聞出版社、2007）は、時代が生んだベストセラー。松下幸之助の本と比較すると、どれほど日本のビジネスモデルが変化したかがわかります。

仕事は人生の糧ですから、楽しくないと意味がないと思うのです。義務感で取り組んでいては幸せになれない。（同書Ｐ９）

松下幸之助の「黙々と頑張れば成功する」とはかなりの違いですが、両者の目的は同じ。当然ながらビジネスの成功です。ここでいう「楽しさ」は、ビジネスを成功させるための〝仕込み〟。「幸せになれない」とは、〝儲からない〟という意味です。

「創造性を発揮しないと、これからは儲かりませんよ」

佐藤可士和さんが述べる楽しさとは、好きな曲をかけて歌いながら仕事をするといった〝福利厚生的な楽しさ〟ではなく、お金が儲かるクリエイティビティを発揮するための、〝原材料としての楽しさ〟です。

ものづくり時代の人の目線の先には「社長」があり、だからこそ旧来型の社員は社長の言葉に黙って従いました。顧客など意識すらせず、ひたすらベルトコンベアーを見つめていても、ものをつくりさえすれば売れました。

一方、情報産業時代の人の目線の先にあるのは「お客さま」です。資本主義経済の原則に則り、お金をくれるのは経営者でも株主でもなく、顧客だと、ようやく理解しはじめたということでしょう。相手が欲しがる情報でなければ、何の価値もないのです。

そのことを熟知しているアートディレクター佐藤可士和は、こう書きます。

答えはいつも、自分ではなく相手のなかにあるからです。（同書P29）

大切なのは自己表現じゃなく、どう人々に伝えるか。（同書P33）

さらに、情報産業時代の人間は、時として「いらないもの」をつくります。否、正確には〝時として〟ではありません。ものが溢れている今、ほとんどの人は日常的に「なくても困らないもの」をつくっているのです。すると次のような発想が出てきます。

キャンペーンやＣＭ自体が目的なのではなく、「注目を集めることが大切だ」という本来の目的に一度立ち返ってみればいい。（同書P44）

要するに、注目を集めればお金になる。ものづくり時代にはあまりなかった思想です。

もう一人、情報産業の感性をとらえている経営者として、サイバーエージェントの藤田晋さんの言葉を紹介しましょう。幻冬舎の見城徹さんとの共著『**人は自分が期待するほど、自分を見ていてはくれないが、がっかりするほど見ていなくはない**』（講談社、２０１２）に、こんな記述が出てきます。アメーバブログの集客に関するエピソードです。

> ブログは本来、システムの軽さや使い勝手のよさで勝負すべきなのですが、残念ながら当時の技術力ではそれができませんでした。その代わり、『芸能人ブログといえばアメーバ』という独占状態を作るため、他社にはない、強力な営業部隊を編成し、差別化を狙いにいったのです。結果、圧倒的多数の芸能人がアメーバを始めました。若槻千夏さんや上地雄輔さんなどの人気ブロガーも輩出しました。ユーザーも、芸能人ブログ見たさにアメーバに集まってくるので、同じ芸能人ブログでも、他社とアメーバではアクセス数に十倍もの差がつきました。
> （同書P117）

これは、「品質では勝てなかったけれど、集客・ＰＲで勝った」ということであり、かつての「品質重視」の経営者ならば絶対に公言しなかったことだと思います。藤田さんは古い時代の感性も持ち合わせた類まれな若手経営者で、それゆえに年配の経営者にも愛されている方だと思いますが、それでもこれぐらいの価値観の違いがあるのです。

藤田さんと見城さんのもう一冊の共著、『憂鬱でなければ、仕事じゃない』（講談社、2011）にも、藤田さんが「差別化」を強力に意識していると思われる言葉が出てきます。

ネットでは既存のものよりも際立って優れているか、まだ誰も提供していないものでなければ存在意義がありません。僕は〝最高〟か〝最速〟しか生き残れないと思っています。（同書P63）

「差別化」は、情報産業で勝つための、最重要ポイントなのです。

アートディレクターは特殊な職業のように感じ、情報産業ととらえない人も多いでしょう。しかし『佐藤可士和の超整理術』には今の時代のトピックがたくさん入っています。

カバンの中身をかなり減らせることは確実です。おそらく、たいていの場合なら三分の一くらいにできるはず。〝本当に必要なものかどうか〟自問自答することで、荷物

も気持ちもぐっと軽快になるなら、一度やってみる価値はあると思いませんか。（同書P78）

たくさん持たず、省いて、捨てて、シンプルにしていく。『新・片づけ術「断捨離」』（やましたひでこ著、マガジンハウス、2009）『人生がときめく片づけの魔法』（近藤麻理恵著、サンマーク出版、2010）など、物理的な〝捨てるブーム〟が起きたのも、「ときめかないもの」（＝自分らしさや差別化につながらないもの）には価値を見出さない、情報産業時代の価値観によるものです。

みんなが自分らしさをアピールしようとして情報発信しているところに、三浦展さんが『第四の消費』（朝日新書、2012）で言うところの「同調消費」（他者と同調しようとして行う消費）が加わるから、どうしても情報やモノは過剰に増えてしまう。

じゃあ、同調なんかしなければいいじゃないか、という意見が聞こえてきそうですが、ゆるやかなネットワーク（＝絆）は、情報産業時代のライフラインですから、そういうわけにもいかない。だから、人は慢性的に「集める」と「捨てる」を繰り返すことになるのです。

さらに言うと、「一段高い場所から〝ありがたいこと〟を滔々《とうとう》と語る松下幸之助VSあくまでフラットな佐藤可士和」という比較もできます。『佐藤可士和の超整理術』は、横に並んで〝いいこと〟をささやくくらいのさりげなさが特徴です。

モノづくり時代の組織がピラミッド型だったのに対して、知的生産においては、専門家が集まるフラットな組織が当たり前になるということを、彼らの著作を見ていくことで読み解くことができるのです。

バブルで動いた「ビジネス書の振り子」

大枠をとらえるために、ここまで松下幸之助と佐藤可士和の比較をしてきましたが、もう少し細かく、時代の流れに沿ったビジネス書のトレンド変遷を見ていきましょう。

ただし本書のテーマはベストセラー分析ではありません。あくまでも「時代の振り子の動きを見る」という切り口で、ビジネス書周辺のジャンルを含めて考察していきます。

◉ビジネス書が「偉い人」のものだった時代（〜１９９０年代前半）

高度経済成長からバブル期まで、ビジネス書とはごく一部の人しか読まないものでした。ビジネスパーソンの多くは、仕事やキャリアの答えを会社や上司、あるいは〝親や社会の常識〟に求め、それで何とかなっていた時代です。売れている本と言えば純文学やミステリー、エッセイといった娯楽読み物でした。

終身雇用制度がしっかりと生きていて、「就職したら用意された仕事さえしていればいい」とばかりに、仕事やキャリアについて深く考えることすらしない人も多かったのかもしれません。本というのはあくまで趣味、教養、知的好奇心を追求するためのもの。実務とは切り離されていたということです。

この流れが変わってきたのが一九九〇年代半ば。イギリス人ジャーナリストのビル・エモットが**『日はまた沈む』**（草思社、１９９０）で予見したようにバブル経済は崩壊し、ゆるやかに日本の景気は後退していきます。

この頃ヒットしたビジネス書に**『堀田力の「おごるな上司！」』**（日本経済新聞出版社、１９９４）があります。堀田力さんという著名人によるものではありますが、帯に「部下をもったら必読。管理者の条件とは？」とあるように、実務的なビジネス書という意味では、今日のビジネス書の源流といっていいでしょう。

それまでは年間総合ベストセラーにビジネス書が顔を出すことは少なく、あったとしても〝大御所〟著者によるものでした。たとえば**『それでも「NO《ノー》」と言える日本』**（石原慎太郎 渡部昇一 小川和久著、光文社、１９９０）、**『日本改造計画』**（小沢一郎著、講談社、１９９３）、**『日本をダメにした九人の政治家』**（浜田幸一著、講談社、１９９３）は、いずれも政治家による本。

ビジネス書というより国家論、政治論に近いものです。**『複合不況』**（中央公論社、１９９２）の著者である宮崎義一さんは経済学者。身近な存在とは決して言えない書き手が活躍していた時代といえるでしょう。

◉ バブル崩壊がもたらした「翻訳書ブーム」（１９９０年代後半）

九七年に起きた三洋証券、山一証券、北海道拓殖銀行の経営破綻で、人々ははっきりとバブル崩壊を実感します。

バブル期について大ざっぱにいえば、「日本の成長は永遠に続く！」とやたらポジティブな自信に満ちあふれていた時代です。しかし消費者レベルで不景気を感じるようになったとき、人々は「これはひょっとして勘違い？」と揺らぎます。冒頭で述べた「一つの価値観が飽和すると、対極にある価値観へと振り子は揺れる」の法則です。

「日本がいい！」から「日本はダメ！」へ。バブルを境に〝ビジネス書の振り子〟も大きく揺れ、爆発的に翻訳書が売れる年が続きます。リーダー不在の日本で「著者名が外国人だと、なんだかありがたい」という奇妙な現象が起きたということです。

九三年に大ヒットしたのが『**マーフィーの法則**』（アーサー・ブロック著、アスキー、1993）。これが当時「大人の読むビジネス書」というカテゴリーだと認知されていたかと言えば微妙ですが、九七年になると、いまだ読みつがれている『**7つの習慣**』（スティーブン・R・コヴィー著、キングベアー出版、1996）がベストセラーに。これこそバブル崩壊後、日本のビジネス書界にやってきた〝クロフネ〟です。

その後、ユニークなタイトルのブームをつくった草思社の『**平気でうそをつく人たち**』（M・スコット・ペック著、1996）、『**他人をほめる人　けなす人**』（フランチェスコ・アルベローニ著、1997）が火をつけると、日本の出版界に〝翻訳書バブル〟が起きました。『**小さいことにくよくよするな！**』（リチャード・カールソン著、サンマーク出版、1998）、『**話を聞かない男、地図が読めない女**』（アラン・ピーズ バーバラ・ピーズ著、主婦の友社、2000）、『**チーズはどこへ消えた？**』（スペンサー・ジョンソン著、扶桑社、2000）と、翻訳書のミリオンセラーが出現。きわめつけは、一九九九年の『**ハリー・ポッターと賢者の石**』（J・K・ローリングス著、静山社）です。

「ハリー・ポッターはビジネス書じゃないから関係ないのでは？」と思うかもしれませんが、二〇世紀の終わりに登場し、世界を巻き込んだ〝ファンタジー〟こそ、ビジネス書の

「今」を読み解く伏線になっています。

それについては後述するとして、九八年には〝身近な著者〟が書いたビジネス書、『**あなたのお客さんになりたい！　顧客満足の達人**』（三笠書房）がベストセラーになります。著者の中谷彰宏さんは元博報堂のＣＭプランナーであり、デビューから二作目の就職マニュアル『**面接の達人**』（ダイヤモンド社）が有名です。今までの〝偉い人〟とは一線を画す著者といっていいでしょう。

二〇〇一年のビジネス書ベストセラーは、ほぼ今日の形に近づいています。『**仕事ができる人できない人**』（三笠書房）を書いた堀場雅夫さんは経営者ですが〝学生ベンチャーの草分け〟といわれ、これまでのビジネス書の著者とはひと味違います。さらに興味深いのは、やはりこの年のベストセラー『**なぜか、「仕事がうまくいく人」の習慣**』（ケリー・グリーソン著、ＰＨＰ研究所）との比較。かたや日本の著者、かたや翻訳書ですが、両者の間に垣根はほとんどありません。ホワイトカラーが増え、知的生産に携わる人が増えた結果、文脈に違和感なく、翻訳書が受け入れられるようになったのです。

〝翻訳書バブル〟は崩壊したのち、日本のビジネス書に融合していきます。和書も翻訳書も区別がなくなってくる時代の到来です。

21世紀、「拝金主義という海賊」が攻めてきた！

お金がない頃の日本人は、「お金は稼げばいい」と思っていました。高度経済成長からバブル崩壊までのお金を手にした日本人は、「お金は使うものだ」と考えました。いずれもお金そのものについて真剣に〝考える〟ということをしないまま、稼ぐ、使うという〝行動〟に走ったのです。『節約生活のススメ』（山崎えり子著、飛鳥新社、1998）のヒットやいわゆる財テク本はありましたが、これらはあくまでノウハウの域を出ていませんでした。

世紀末の二〇〇〇年を迎え、『経済のニュースが面白いほどわかる本　日本経済編』（細野真宏著、中経出版、1999）がベストセラーになり、バブル期以降、ようやく地に足をつけてお金のことを考えるビジネス書が登場します。就職後はレールに乗っていればOKだった時代が終わり、すべての労働者が経済のしくみを知る必要性を感じるようになりました。ちょうどこの頃、週刊ダイヤモンドが、「就社時代の終焉」という特集を組んでいます（2000年4月15日号）。

不動産投資から株式投資へ関心が移ったこと、世界のグローバル化が急速に進んだことも影響しているかもしれません。二一世紀に入ると『**経済ってそういうことだったのか会議**』（佐藤雅彦 竹中平蔵著、日本経済新聞出版社、２０００）に続き、『**竹中教授のみんなの経済学**』（竹中平蔵著、幻冬舎、２０００）、『**図解「儲け」のカラクリ**』（インタービジョン21編著、三笠書房、２００２）がベストセラーに。

とはいえ、まだまだ強固な〝建前〟が存在しています。「お金のことを声高に語るのは恥ずかしいし、品がない。大切なものはお金じゃない」という日本人の通念です。九三年のベストセラー『**清貧の思想**』（中野孝次著、草思社）は、シャンパンを飲みながら札ビラを切っていた人々がアクセサリー代わりに読んでいたそうですから、いきなりお金について語るより、経済の勉強というアプローチがウケたのも、うなずけます。

◉「お金が大好き」と明言する時代の到来（２０００年代前半）

こうしたバブル崩壊後の状況は、ＩＴ革命で一変します。

九九年に急上昇したナスダック総合指数は、二〇〇〇年三月一〇日に過去最高値（当時）

となり、シリコンバレーを中心としたITベンチャーブームは日本にも飛び火しました。いわゆる〝第一次ITバブル〟は日本でもアメリカでも瞬間的に終わりましたが、ここで新しいタイプの起業家が登場します。ものづくり時代の価値観をもつ人にとって彼らは、理解不能な人種でした。「若くて大金持ち。ITというよくわからんことをやっている奴ら」というわけです。日本にアマゾンが上陸したのもこの二〇〇〇年でした。

ITベンチャー企業の登場とは〝海賊〟の襲来です。この考察のヒントとして、**『海賊の経済学』**（ピーター・T・リーソン著、NTT出版、2011）という本があります。

一八世紀初期に存在した海賊の多くは、もともと私掠船の船乗りでした。海の上で各国が覇権を競っていた時代、イギリスやスペインは敵国の商船を襲う船を雇っていたのです。私掠船とは、株主が船主、社長が船長、社員が乗組員で国が補助しているという、〝半国営の海の強盗〟であり、戦争が終わると仕事がなくなります。そのまま普通の商船に転職する道もありますが、終戦で職をなくした水兵も商船の船乗りになろうとしています。

人員過剰で就職難のうえ、運良く就職できても給料は下がる。そこで違法という点に目をつぶった人たちのなかから海賊が誕生しました。実際、海賊はかなり儲かったようです。

私掠船とはちがって、海賊はいっしょうけんめい分捕った掠奪品の中から、こすっからい船主に分け前を払ったりしないですむ。

（同書P21）

既存のルールを無視し、株主に頼らず、社員だけで商売を始めれば、儲かったぶんは山分けできます。何かをつくる場合はスキルと材料が必要になりますが、海賊は他の船の積荷を力づくで奪うだけなので、原料費ゼロ。莫大な儲けになります。

これはグーグルはじめ多くのＩＴ企業がやっていることと同じです。〝情報〟という名の、人がせっせとつくって蓄えた知識を一気にぶんどっていくのですから、資本金ゼロで大儲けできます。

『海賊の経済学』によれば、海賊は反社会的な組織にもかかわらず、徹底した平等主義だったとのこと。儲けもきちんと分配されたようです。

「船長とクォーターマスターは獲物の取り分二人分を受け取る。主甲板長と砲手は一人半分、他の士官は一人と四分の一（その他全員は一人分）」

（同書P83、ロバーツ船長の規定より）

つまり、分け前が最大の船長ですら、最小の者の二倍しかもらっていないわけです。CEOが一般社員の数百倍の報酬を受け取る従来のアメリカ企業と比べると、これは大きな違いです。

自由で平等。既存のルールを無視する海賊は、何ともロマンチックです。今や国民的コミックとなった『ONE PIECE』（尾田栄一郎、集英社、1997〜）や、映画「パイレーツ・オブ・カリビアン」のモチーフとなっているのも納得できます。しかし、この本を読むと現実の海賊は少し違うことがわかります。

海賊は自分の利益を重視した。海賊を生んだのは物質的な欲求であり、彼らは利潤に大きく動かされていた。（同書P11）

海賊が追い求めたのは、自由でなくお金でした。モラルでなく法でなく「儲けるためにはどうすればいいか」を考え、合理的に団結した——ここもIT起業家を彷彿とさせます。

時代は異なりますが、IT起業家の神といえるスティーブ・ジョブズは「海軍に入るくらいなら海賊になれ：Why join the navy if you can be a pirate?」と言っています。情報という宝をめがけて、国境なく七つの海を駆け巡るＩＴ海賊たち。農耕民族として生きてきた日本人が海賊文化に襲撃されたのがＩＴ革命と言ってもいいでしょう。

実際の海賊文化はわずか数年で滅亡します。奪われることを恐れたほかの商船がセキュリティを強化したこと、国家による取り締まりが始まったことが原因でした。「国際的な著作権法の改正＝国家の取り締まり」と定義して、グーグルという海賊船の未来を考えるのもなかなか興味深いのですが、話をちょっと戻しましょう。

ＩＴ起業家の象徴的存在として登場したのが『拝金』（徳間書店、２０１０）を書いた堀江貴文さん。言わずと知れたホリエモンです。彼は日本人の持っていた〝お金の建前〟をぺろりとはがしてみせました。この流れを少し遡ることにします。

バブル以前のお金本の書き手として人気を博したのは、邱永漢さん。幾多の財テク本と邱さんの本の違いは、早くから投資の重要性を説いていたこと。『投資家読本』（朝日新聞社）を上梓したのは六一年。今も昔も株をやる人はたくさんいますが、「お金を殖やす」より「貯める」ことが主流の日本人にとって、邱さんは新しい考えを教えてくれる貴重な存在でした。

邱さん以後の〝お金本のスター〟は、ロバート・キヨサキさん。二〇〇一年の大ヒット『**金持ち父さん貧乏父さん**』（ロバート・キヨサキ シャロン・レクター著、筑摩書房、2000）は一見ソフトな翻訳書に見えますが、社会に多大な影響を与えました。この本をきっかけに「会社オーナーか投資家になりたい」と思う人が急激に増えたのです。この現象について僕が抱いた懸念は残念ながら的中するのですが、これについては後述します。

『金持ち父さん貧乏父さん』のヒットに続けとばかりに、『**イヌが教えるお金持ちになるための知恵**』（ボード・シェーファー著、草思社、2001）、『**ロバート・アレンの実践！億万長者入門**』（ロバート・G・アレン著、フォレスト出版、2002）といったタイトルが刊行されましたが、真打ちは本田健さんの大ヒット作『**ユダヤ人大富豪の教え**』（大和書房、2003）。ビジネス書の世界では個別に語られていた「お金の大切さ」と「人生の大切さ」を一つのストーリーとして織りなしたところは、本田さんのただならぬ才能です。もちろん、お金と人生について著している本多静六のような先人はいますが、本田健さんの本はぐっと身近なビジネス書として若い層から中堅ビジネスパーソンまで広く読まれたところも今日的です。

邱永漢さん、ロバート・キヨサキさん、本田健さん、堀江貴文さん。この四人はまぎれもなく同じ系譜ですが、堀江さんと先の三人の違いは〝クッション〟の有無。たとえば邱さんは台湾出身で、日本、台湾、香港などで活躍する事業家であり投資家。いわゆる〝フツーの日本人〟ではないことがクッションとなり、お金という生々しい話をしても嫌味がありません。ロバート・キヨサキさんは翻訳書ということで生々しさが薄れるうえに、ハワイ生まれの日系四世という〝近くて遠い〟絶妙のポジショニング。本田健さんは日本人ですが、本の中の「日本人青年ケンがユダヤ人大富豪に学ぶ」という設定が、すばらしいクッションとなっています。さらに若者が先人に知恵を授かるという構図は、ものづくり時代の人のメンタリティにもすんなり馴染む効果があります。

ところが堀江さんには、こうしたクッションがきれいさっぱりありません。「欲しいものがあれば欲しいと言う。奪えるものは奪う」という彼のダイレクトな主張は、特にものづくり時代の人たちから猛烈な非難を浴びました。

しかしこの考えは、彼一人が提唱して生じたわけではありません。**『フェイスブック若き天才の野望』**（デビッド・カークパトリック著、日経ＢＰ社、２０１１）で描かれたフェイスブックの若き創業者マーク・ザッカーバーグも、同じようなタイプの人物だと思います。

堀江貴文さんはスケープゴートにすぎません。世の中には〝堀江貴文よりも立ち回りのうまいホリエモン〟が何人もいて、今も海賊として七つの海を超えていることでしょう。

◉ 従業員を大事にしたら会社はダメになる？

ＩＴに限らず、二〇〇〇年代前半のベンチャー企業の基本は平等主義であり、端的に言うと〝部活ノリ〟です。

「上下関係とか古くさいことを言わずに、みんなでハッピーに働こう！」

松下幸之助が〝経営の神様であり社員の父〟であったなら、二〇〇〇年代前半のベンチャー社長は〝部活の先輩であり社員の兄貴分〟です。厳密にいえばこれもゆるやかな上下関係ですが、「面倒を見よう」という空気はまだ残っています。

『**千円札は拾うな。**』（サンマーク出版、2006）がヒットしたワイキューブ元社長の安田佳生さんは、〝部活ノリ〟を組織に持ち込んだ経営者の一人です。自社の社員を大事にした結果については、二〇一二年刊行の『**私、社長ではなくなりました。**』（プレジデント社）で率直に綴っています。個人的にはロマンチストかつ魅力的な人物だと思いますが、経営者よりもタレントとして成功する才能の持ち主かもしれません。

同社は「広告宣伝費を減らして露出を高める」という戦略のもと、取材され、社員が楽しめるようなおしゃれなオフィスをつくりました。その結果、「ワイキューブで働きたい」という就活生を大量に生みだしましたが、顧客は一向に増えなかったのが残念な点でした。

また同社は従業員を過剰なまでに厚遇しましたが、部活ノリの海賊カルチャーを成功させるには、コストが安いことが大前提です。その点、スタッフの九割がアルバイトで構成されるというディズニーランドは、うまくできているのかもしれません。

◉新書創刊ラッシュとビジネス新書の定着

〇五年は『下流社会』（三浦展著、光文社、２００５）がベストセラーになり、人々は「会社に頼れないし、成功も望めない」危機を感じはじめます。「会社がダメなら、個人としてのスキルを磨いて生き残ろう」という人もいるわけで、ビジネス新書が多く読まれたのはそのためでしょう。

かつて新書とはアカデミック色が強いものであり、〝新書の御三家〟と呼ばれた岩波新書、中公新書、講談社現代新書が代表格でした。ところが九四年にちくま新書、九六年にPHP新書、九八年に文春新書が創刊されるとイメージはずいぶん変わります。単行本よりも手頃な値段で素早く読める〝ワンテーマのビジネス書〟といった色合いが強くなり、二〇〇〇年代半ばの新書ブームへと続きます。『**バカの壁**』（養老孟司著、新潮新書、2003）『**女性の品格**』（坂東眞理子著、PHP新書、2006）といった新書発のメガヒットも多くあります。〇一年に創刊された光文社新書からは、会計について一般の人にもわかりやすい言葉で書いた『**さおだけ屋はなぜ潰れないのか?**』（山田真哉著、光文社新書、2005）のようなミリオンセラーが出ています。

リーマン・ショック前夜のキーワードは「ツール・スキル・時間」

日本の現実に失望しているからこそ、誇りを取り戻したい。二〇〇六年にはやはり新書で『国家の品格』（藤原正彦著、新潮社、２００５）というベストセラーが誕生します。しかし、そう簡単にいかないことは、同年のベストセラー『美しい国へ』（文藝春秋、２００６）の著者、安倍晋三さんが身をもって教えてくれました。もはや個人のスキルを磨くしかないと本気になった人々は、あることに気づきます。「ＩＴはまだまだいけるのではないか？」と。

◉「頑張ればまだ間に合う！」勝ち残りたい人の勝間本

第一次ＩＴバブルはあっさりと崩壊しましたが、〇二年、アマゾンが黒字化するというシンボリックな出来事が起こります。インフラ系だったＩＴバブルは崩壊したものの、インフラに乗ってＩＴビジネスで儲ける人がたくさん出てきました。ネットショップや情報起業が注目され、アフィリエイトが流行します。株価が上がってオンライントレードも流行しました。

ＩＴ化や外資系企業の日本進出で外国がぐっと身近になり、「旧態依然とした日本企業より、高収入で成果主義の外資系企業に学びたい」と感じる人も増加しました。『**外資系トップの仕事力**』（ＩＳＳコンサルティング編、ダイヤモンド社、２００６）が読まれたことでわかるように、〇六年から〇八年初めまでは外資系がトレンドになります。『**はじめての課長の教科書**』（酒井譲著、ディスカヴァー、２００８）がヒットしたのは、内容や切り口の新しさもさることながら、オランダでＭＢＡを主席取得しているという著者のプロフィールに因るところもあるのかもしれません。

当時はコンサルタントの書くビジネス書も注目されました。プロジェクト単位で動き、常に新しい職場で即戦力として活躍することを要求されるコンサルタントなら、きっとどこでも使えるスキルを教えてくれるのではないかということです。ここで時代のキーワードは「ポータブルなスキル」に変わり、いわゆる「ビジネス書バブル」が出現します。

なぜバブルになったかというと、コンサルタントには自分を売り込みたい人が多く、かつ文章が上手い人が多いからです（彼らの最終成果物はレポートのことが多い）。『**コンサ**

ルタントの「質問力」』(野口吉昭著、PHPビジネス新書、2008)や、『地頭力を鍛える』(細谷功著、東洋経済新報社、2007)は、その流れにのってベストセラーとなりました。

時代の人気業種とビジネス書のヒットは連動しています。たとえば『世界No.2セールスウーマンの「売れる営業」に変わる本』(和田裕美著、ダイヤモンド社、2003)が人気を博した時期は、外資系金融会社が広く営業を募っていた時期と重なります。この本は、「ビジネス書の場合、男性読者は女性著者の本を買わない」という常識を「外資のトップ営業」という実力でひっくり返した、という見方をすることもできます。

男性著者優位のビジネス書の世界に、次のヒロインが登場したのは〇七年。公認会計士の資格を持ち、マッキンゼー、JPモルガン出身、おまけにデジタルツール好き。「外資系・コンサル・金融・IT」という四点セットを備えた勝間和代さんです。「ムギ(勝間和代)」名義で『インディでいこう!』(ディスカヴァー、2006。現在は『勝間和代のインディペンデントな生き方実践ガイド』に改題。ディスカヴァー携書、2008)でデビューし、『無理なく続けられる年収10倍アップ勉強法』(ディスカヴァー、2007)がベストセラーに。その後、立て続けにヒットを出し、〝カツマー現象〟を巻き起こします。景気が悪くてもITリテラシーを高め、トクする情報を収集しなさい。効率のいいやり方で時間をうまく配分し、頑張って勉強しなさい。語学は当然マスターし、外資の知恵も知っておきなさい。そうすれば、なんとか勝ち残れる――。

希望が見えると、人間は具体的手段を〝買う〟。だからこそ、ビジネス書は急激に売れはじめました。僕が二〇〇六年頃からさかんに言っていた「スキルとツールの時代」がやってきたのです。

勝間和代さんと共通するメッセージを打ちだしたのが『レバレッジ・リーディング』（東洋経済新報社、2006）の本田直之さん。やはり外資系のシティバンク出身、MBAを取得しています。二人に共通する点は、ほんの少し前まで無名の会社員であったこと。勝間さんにいたっては、シングルマザーで子育てをしながらのキャリア構築です。〝背中が見える著者〟は、人々に手が届きそうな目標を見せてくれました。

◉ リーマン・ショックではじけた「ビジネス書バブル」

〇七年は〝ビジネス書バブルの一年〟といえます。勝間和代さん、本田直之さんのほかにも、『「1日30分」を続けなさい！』（古市幸雄著、マガジンハウス、２００７）、先にも紹介した『地頭力を鍛える』（細谷功著、東洋経済新報社、２００７）、『できる人の勉強法』（安河内哲也著、中経出版、２００６）、『IDEA HACKS！今日スグ役立つ仕事のコツと習慣』（原尻淳一 小山龍介著、東洋経済新報社、２００６）など、書店店頭をビジネス書が席巻します。「30分」「10倍」など数字がつく本がヒットしたのは、みんな数字に追われていたからだろうと僕は見ています。

もう一つのキーワードは「時間がない」こと。『「残業ゼロ」の仕事力』（吉越浩一郎著、日本能率協会マネジメントセンター、２００７）、『スピードハックス』（大橋悦夫 佐々木正悟著、日本実業出版社、２００７）の流れは、〇八年の『「1秒！」で財務諸表を読む方法』（小宮一慶著、東洋経済新報社）、『本当に頭がよくなる 1分間勉強法』（石井貴士著、中経出版、２００８）まで続きます。

この頃になると、〝読者ニーズの多様化〟と、〝多数の似通った本が出たことによるカニバリズム（共食い現象）〟という二つの要因で、ミリオンセラーのようなメガヒットは出にくくなります。この現象は出版業界に限らず、音楽業界でもアパレル業界でも同じ、情報化社会の特徴です。〇七年に人気を博したビジネス書のうち、総合ランキングに入っているのは『「1日30分」を続けなさい!』だけですが、ビジネス書全体としてはかつてないほど読まれた一年といえます。

この情報過多の影響で、2008年には、『情報は1冊のノートにまとめなさい』(奥野宣之著、ナナ・コーポレート・コミュニケーション、2008)や、『フォーカス・リーディング』(寺田昌嗣著、PHP研究所、2008)がベストセラーになりました。時間を節約し、仕事を効率化しただけではまだ足りない。人々は情報を「絞り込もう」としたのです。

ここまでビジネス書をたくさんの人が読んだのだから、たくさんの人がもれなくスキルアップしたかといえば、必ずしもそうとはいえません。問題は著者が〝背中が見える人たち〟だからといって、そう簡単に追いつけはしないということ。著者たちはカリスマ経営者ではありません。本を書く前は一会社員だったかもしれません。しかし、もともと優秀なところに「猛烈に努力するのが当然」というメンタリティの持ち主。普通の人が肩を並べるのは至難の技です。

人々がそんなことを自覚する前に、リーマン・ショックが訪れます。

◉答えが見つからない時代と『悩む力』のヒット

〇七年、アメリカのサブプライムローン問題が発端となり、〇八年九月一五日にリーマン・ブラザーズが破綻。「消費の冷え込みについていえば、リーマン・ショックのほうが東日本大震災よりもずっとひどかった」とタクシー運転手が口を揃える大打撃を受け、ビジネス書バブルは崩壊します。〇八年の総合ベストセラーランキングで目につくのが、『**Ｂ型　自分の説明書**』に続けて出された『**Ａ型　自分の説明書**』（ともにＪａｍａｉｓ　Ｊａｍａｉｓ著、文芸社）。すべての血液型、計四冊がランクインしています。

この年に支持された『**悩む力**』（姜尚中著、集英社新書、２００８）では、マックス・ウェーバーと夏目漱石を紹介しつつ、現代の特徴である〝自由の拡大〟を問題視しています。

姜さんによると「自我が肥大化していくほど、自分と他者との折り合いがつかなくなる」。それによって人はさびしくなり、そこに現代人の問題の本質があるという主張には、思わず膝を打ちます。悩むことを肯定している同書ですが、悩みに対する解決策は提示せず「相互承認」というヒントを出すにとどめています。答えが安易に見つからない時代をあぶり出したヒットといっていいでしょう。

〇八年のヒットでビジネス・自己啓発のカテゴリーに入るのは、第二位につけたミリオンセラー『**夢をかなえるゾウ**』（水野敬也著、飛鳥新社、2007）。頼れるメンターは、もはや人間ではなくなったのです。

◉ 堅実路線の源流は農起業ブームにあった！

本がヒットするとき、発売と同時に盛り上がるのはわかりやすいパターンです。初版部数、広告、プロモーションなどなど。しかし地味に出版され、密かに版を重ねていた本が突然脚光を浴びるというパターンもあります。テレビに取り上げられる、著名人に推薦される、そして時代のほうが本に寄り添ってきたなどの理由です。

『**農で起業する！　脱サラ農業のススメ**』（杉山経昌著、築地書館、2005）は〇五年に刊行された本ですが、再燃したのは〇八年から〇九年にかけてのこと。もちろん評価に耐える良書ですが、失礼ながら出版社もテーマも装幀も相当にマイナーです。これこそ〝時代が寄り添ってきたから売れた本〟といっていいでしょう。不況への不安とリーマン・ショックの打撃で、日本の振り子は原点回帰へと振れます。

本格的な農業起業ブームとなった〇九年には実践編も出版されています。

虚業がはじけたとき、人々は実業に向かいます。農業は実業の最たるもの。「土は裏切らねえぞ！」とばかりに『**奇跡のリンゴ**』（石川拓治著、幻冬舎、２００８）を握りしめ、レジへ向かった人も多かったはずです。

このまま時代の流れが農業へと向かうことはありませんでしたが、リーマン・ショックを境に、若者は堅実志向へと突き進みます。彼らの志望する就職先は、公務員もしくは安定企業なのはよく知られていることです。「人事担当者も、どんなビジネス書が売れているかチェックするといいですよ」と僕が言うのは、これほどはっきりと時代の流れと寄り添うものだからです。

ファンタジーとしてのビジネス書

『日本でいちばん大切にしたい会社』（坂本光司著、あさ出版）は〇八年三月に出た本ですが、じわじわと売れ行きを伸ばし、ベストセラーとなったのは〇九年です。この本がヒットしたのは、拝金主義に対する、いわばカウンターパンチであると僕は解釈しています。「儲けに走って大切なものを忘れちゃダメだ。反省しないといかん！」

大勢が涙を流して感動したこの本は、当然ながら心をうつ内容であったがゆえに評判となり売れたのですが、ビジネス書のトレンドという観点からは、やや意地の悪い表現に聞こえるかもしれませんが、「ファンタジーだから売れた」という部分も否めません。

もちろん、この本に感動したたくさんの人々の心に嘘はありませんが（僕も泣きました）、現実には、この本で紹介されている企業のように従業員を大切にしている会社は減る一方で、生き残りのための大量リストラは当たり前になっています。そうした世の中だからこそ、このような会社に稀少価値が生まれ、より魅力的に感じられるというわけです。

「あってほしいけれど、なかなか現実にはないもの」が売れるというヒットの鉄則どおりともいえるでしょう。

◉ 不況からの逃走と「夢見るビジネス書」の誕生

○九年、一〇年になると、不況は日本中を覆い尽くします。『脳を活かす勉強法』（茂木健一郎著、PHP研究所、2007）、『脳が冴える15の習慣』（築山節著、NHK生活人新書、2006）など数年続いていた脳本ブームの流れで、『「脳にいいこと」だけをやりなさい！』（マーシー・シャイモフ著、三笠書房、2008）がベストセラーとなりました。

しかしベストセラーランキングをよく見てみると、二〇〇九年に売れた本はゲームの攻略本が上位二〇冊中六冊。かろうじてランクインしている『しがみつかない生き方』（香山リカ著、幻冬舎、2009）は、振り子が完全に「あきらめ」に振れたことを示唆しています。不況は出版界も容赦なく襲ったということでしょう。いや、希望が見えないとき、人間は具体的手段を〝買わない〟のです。

経済の低迷と希望のない状況。『自由からの逃走』にならえば、振り子は真逆に振れるはずなのですが、「浮上するように頑張ろう」とするのではなく、人々は現実から逃げ出してしまいました。ハリー・ポッターやドラクエ関連本のような純然たるファンタジーも支持されましたが、この頃から現在に至るまで、「リアリティを追求した末のファンタジー」が売れているところが興味深い点です。

十五万部のベストセラー『年収1億円思考』（江上治著、経済界、2011）もファンタジー本です。『日本のお金持ち研究』（橘木俊詔 森剛志著、日本経済新聞出版社、2005）によれば、日本には年収1億円の人が約9000人いるようですが、これを現実的に狙える人が十五万人もいるとは考えられません。この本を手にとるほとんどの読者にとって、年収一億円は「夢のまた夢」というファンタジーなのです。

それなら現実的に「年収一千万円思考」という書名にしたほうがより多くの人が手にとるかというと、そんなことはありません。むしろ「年収一千万円」とすると、多少は想像がつくゆえに、むしろ厳しい現実と向き合わされてしまうから読みたくないのです。

同じ読者層にウケていると思われるのが、『稼ぐ人はなぜ長財布を使うのか？』（亀田潤一郎著、サンマーク出版、2010）。このようにもともと水商売の人のゲン担ぎ的なテーマが「ビジネス書」として売れているのは、打開策のない不況時代を活写しています。

できます。

◉ 格差社会に生きる二〇代のファンタジー

二〇代の読書傾向を見ると、二〇一〇年以降のビジネス書のトレンドを読み解くことができます。

知識偏重のなかで育ってきて、就活で想像を絶する苦労をし、社会に出たら最悪の不況。何かと否定される二〇代は、「このままじゃうまくいかないのはわかっているけれど、何がだめなのかわからない」と思っているでしょう。情報化社会で育っている彼らは、現状打破の勘どころをつかみたいと、ビジネス書に手を伸ばします。**『死ぬまで仕事に困らないために20代で出逢っておきたい100の言葉』**(かんき出版、2011)など一連の〝二〇代本〟がベストセラーとなっている千田琢哉さんは、「ダメ出しをしてほしい二〇代」に、その厳しさがウケているという見方ができます。

言い尽くされているとおり、今の二〇代は友だち感覚の〝叱らない親〟に育てられ、嫌われるのがイヤだから〝叱らない上司〟のもとで仕事を学びます。個人主義が当然で、最初から自由が確保されているからこそ、振り子現象が起きて「しばられたい、愛情が欲しい」となります。

『9割がバイトでも最高のスタッフに育つディズニーの教え方』（福島文二郎著、中経出版、2010）は、アルバイトという雇用形態が多い飲食・接客業のビジネスパーソンを中心に広く読まれているベストセラーですが、メンターや先輩に飢えている二〇代にも支持されています。バイトの世界にあるのはシビアな〝上司対部下〟ではなく、〝先輩対後輩〟というプレッシャーのない上下関係。それがディズニーランドという最高のファンタジーを舞台に繰り広げられるとあれば、若い人が興味をもたないはずがありません。

「叱るけれどいつも側にいて、いざという時は面倒を見てくれる人がほしい」というニーズは、二〇一〇年刊の本屋大賞受賞作『謎解きはディナーのあとで』（東川篤哉著、小学館）からも読みとることができます。お嬢さま刑事にきついことをズバリと言ってくれる執事影山は、〝辛口だけれど最終的には味方〟という、叱ってほしい二〇代には最高の存在。

「一億円も、愛情も、叱ってくれる存在も、現実には手に入らない」と思いながら切実に求めているところが、今の若い世代のせつない特徴といえます。

◉ケータイ小説、『ＯＮＥ ＰＩＥＣＥ』、『もしドラ』をつなぐ〝絆の力〟

今や遠い過去に思われますが、空前の携帯小説ブームが起きたのが〇五年から〇六年。『恋バナ（青・赤）』『Ｄｅｅｐ　Ｌｏｖｅ　アユの物語　完全版』（ともにＹｏｓｈｉ著、スターツ出版）、『恋空　上下』『君空』（ともに美嘉著、スターツ出版）、『赤い糸　上下』（メイ著、ゴマブックス）などが大ヒット。「タイトルを聞いてもどれがどれだかわからない」という人が多いかもしれません。恋愛至上主義ともいえるこれらの本が社会現象となった頃に中心読者だった層が今、社会人になっています。「強烈なつながりを感じさせてくれる恋愛こそ、ずっと求めていた永遠の絆だ」と多くの携帯小説は書きたてました。

ところで、すべての恋愛衝動は生物学的に説明できるといわれています。人は遺伝子の乗り物に過ぎないと唱えたリチャード・ドーキンスの『利己的な遺伝子』（紀伊國屋書店、１９９１）を読めばわかるように、生存本能に結びついている恋愛の絆は強力です。しかし強力であることと継続性があることは必ずしも一致しません。ヘレン・Ｅ・フィッシャーの『愛はなぜ終わるのか』（草思社、１９９３）をはじめとする幾多の本に書かれているように、生物学的には〝恋は終わるもの〟とプログラムされているようです。

そこまで深く考えずとも、永遠の恋愛などないのが普通でしょう。だから携帯小説の恋人は、病気や事故で簡単に死ぬのです。「死が二人を分かつまで」が五〇年だと想定した場合、普通の愛は消えるかもしれません。しかし、出逢って数カ月でどちらかが不治の病で死ねば、その愛は永遠に不滅です。

九九年に連載がスタートして以来、熱烈に支持され続けている少女漫画『NANA』(矢沢あい著、集英社)は、田舎から上京した他人同士がともに暮らし、絆を結ぶ物語。しかしその絆がいずれ裏切られることは、物語の初めから暗示されています。一〇代二〇代は人生のなかの〝恋愛時代〟ですから、多くの人が「恋愛という絆は脆い」と実生活で痛感することになります。

恋愛と並ぶプリミティブな絆といえば親子関係です。自分が子としての親子関係から、自分が親としての親子関係に推移する中間点に、恋愛関係があるともいえます。ところが現代の親子関係は、恋愛ほど濃密なものではありません。親と強い絆を結べなかった子どもが成長し、若者になって恋愛に失望したとき、オルタナティブな道を探します。つまり、本能とはいささか異なる〝理性の絆〟に活路を見出そうとする——それこそ、仲間との絆ではないでしょうか。他人に親子的なプリミティブな愛を求めるというのが今の若者の特徴であり、かつてなかった価値観ではないかと思います。

『ONE PIECE』の主人公ルフィは、仲間を絶対に裏切らないばかりか、どんどん増やしていきます。旅の途中でできた仲間とはそのまま別れますが、心は結ばれています。他人同士の、絶対的なのに距離はある〝ゆるやかな絆〟。これこそ二〇代の理想であり、もっというとネットワーク時代の理想です。だから若者はみな『ONE PIECE』に惹かれるのです。


多くのビジネス書が苦戦するなか、桁外れの大ベストセラーとなった『**もし高校野球の女子マネージャーがドラッカーの『マネジメント』を読んだら**』(岩崎夏海著、ダイヤモンド社、2009)は、部活というゆるやかだけれど強固な仲間の絆と、ビジネス書の古典であるドラッカーが融合した、時代の結論ともいえる本。

「こんな高校野球部はないし、仲間の絆もない」「マネジメントはそう簡単にうまくいかない」という声もあるかもしれません。しかし、これもまたファンタジーなのです。『ONE PIECE』のようにたくさんの仲間と絆をつくり続けることも、『もしドラ』のようにチームを変革することも、現実にはなかなか難しい〝ファンタジー〟である——そのことを、若い読者は心の奥底ではわかっています。そのうえで、かれらは『ONE

ＰＩＥＣＥ』や『もしドラ』を楽しんで読んでいる。いや、ひょっとしたらＳＮＳの力で本気でできると信じているのかもしれない。いずれにせよそうした構造を理解しておくことは、ビジネス書や世間のトレンドを読み解くヒントとなるでしょう。

「不況になると外での消費活動を控えるから、家族の絆が問われる時代が来る」

これは〇八年の末に僕が言っていたことです。実際、二〇〇九年頃からレシピ本のブームが始まり、悲しいことに、一一年三月の東日本大震災をきっかけに人々は絆を求めるようになります。

震災の影響として売れた本でわかりやすいものは『「折れない心」をつくるたった1つの習慣』（植西聰著、青春新書プレイブックス、２０１１）や『官僚の責任』（古賀茂明著、ＰＨＰ新書、２０１１）。震災直後に出た『心を整える。』（長谷部誠著、幻冬舎、２０１１）は爆発的に売れ、ミリオンセラーになりました。

今後、大きな災害で無力さを感じた個人はもっと大きな絆、すなわち〝国家という全体主義の絆〟を求めるようになるでしょう。代表的なものは『清貧と復興　土光敏夫100の言葉』（出町譲著、文藝春秋、２０１１）。詳しくは後述しますが、振り子が個人主義から全体主義に振れることを示す本といえます。『日本男児』（長友佑都著、ポプラ社、2011）も同様です。「同じサッカー日本代表である長谷部誠選手の向こうを張って出された本」という単純な見方をすることもできますが、着目すべきはタイトル。『日本男児』というタイトルをサッカー選手の本につけるという発想は、すこし前ならありえなかったはずです。この本もまた、ようやく勝ち得た個人主義に疲れ果て、再び全体主義の絆を求める日本人の心情を表しているといえます。

◉神話になる前からファンタジーだった『スティーブ・ジョブズ』

グローバル化社会では、日本の事象のみをもとに時代を読み解くことはできません。一つの時代の終わりを物語るような〝カリスマの死〟をもって世に出たのが『**スティーブ・ジョブズⅠⅡ**』（ウォルター・アイザックソン著、講談社、2011）。今や神話となり、日本でもビジネス書大賞を獲得したジョブズですが、この本のヒットは、世界同時ベストセラーが必ずしも『ハリー・ポッター』だけの特例ではないことを教えてくれます。これからはビジネス書の世界でも、グローバルなベストセラーがたくさん出てくるでしょう。

ジョブズの死後は世界中で、いかに彼に影響を受けたか、どれほどアップル製品を愛用しているかというツイートが多数ありました。スタンフォード大学での名スピーチはありとあらゆる本で引用され、「これこそ自分が言いたかったことだ！」と共感を呼びました。

しかし、そうしたあこがれや共感をいっさい寄せつけないほど、ジョブズは特異な存在です。ジョブズのやり方をなぞれば、誰でも同じようにイノベーションを起こせるかというと難しいでしょう。

第2章

ビジネス書のトレンドから「時代の潮目」を読む

これからのトレンドの話をしよう

リーマン・ショック以降、「ビジネス書が売れない」と言われ続けていますが、それも不思議はありません。不動産バブル、ＩＴバブルの頃と比べると、価値観は大きく変わりました。それでもいまだビジネス書バブルの残り香を漂わせている本が多く出ています。そろそろ、ドラスティックな転換が求められる頃でしょう。

同時に、役に立つ良質なビジネス書も出版されています。埋もれてしまった古い本の中にも素晴らしいものが見つかります。「本来の本の時代が来た」と、僕はポジティブにとらえています。これから読むべきビジネス書については第三章で紹介しますが、その前に「今」のトレンドと、潮目の変化を読みとる方法について述べておきましょう。

◉ 普遍かつ本物の価値観を求めた「先生ブーム」

「うまくいっている人、すごい人の真似をしたい」というニーズに応えたビジネス書は、いまだ人気を博しています。『**采配**』（落合博満著、ダイヤモンド社、２０１１）をはじめとするスポーツ選手の本は、現実に負け続けている人々に元気を与えてくれますが、いつまでも続くトレンドではありません。

ファンタジーに思い切り振れた振り子は、リアルを求めはじめています。「普遍かつ本物の価値観が知りたい」という願いは、「歴史、哲学、先生」という分野に向かうでしょう。

〝先生〟による講義本ブームを牽引したのは、『**これからの「正義」の話をしよう**』（マイケル・サンデル著、早川書房、２０１０）。『**20歳のときに知っておきたかったこと　スタンフォード大学集中講義**』（ティナ・シーリグ著、阪急コミュニケーションズ、２０１０）、『**選択の科学**』（シーナ・アイエンガー著、文藝春秋、２０１０）もベストセラーになりました。日本人著者だと京都大学で教鞭をとる瀧本哲史さんの『**僕は君たちに武器を配りたい**』（講談社、２０１１）『**武器としての決断思考**』（星海社新書、２０１１）が同じ流れを汲んでいます。

先生というのはきついことも言うけれど、〝基本は味方〟という安心感のなかでいろいろ教えてくれる人。未来を見せてくれる役割です。今後は、学者が書き手としてますます求められるようになるはずです。

『これからの「正義」の話をしよう』についてもうひとつ言えば、著者が有名で、非常に話題性があったこともヒットの要因ですが、なによりタイトルが素晴らしかった。原題は"Justice"ですが、邦題に「これからの」とつけたところが時代の本質を突いています。

正義というものは、永遠に不変だというイメージがあります。過去も現在も未来も変わらない、人間の基準となる価値観だと多くの人は信じていました。ところが、それが違っていた。時代が移ろい、「ひたすらものをつくるのが正しい」とされていたことが「違う！」となり、「金がすべてだ」と思ったらやっぱり「違う！」となり、「頑張れば報われる」というのも「間違いだ」となったのです。いったい何を信じればいいのか、何が正義で何が悪かもわからなくなりました。

「今は正義ですら揺らぎます。正義すら変わらなければいけません。何をもって正義とするか、それを話していきましょう」とサンデル先生が講義をしてくれるから、『これからの「正義」の話をしよう』は支持されたと僕は感じます。

潮目の変化をわかりやすく知る方法

潮目の変化とは、「振り子が逆側に振れるとき」です。そこにはビジネスの必然性が出てくると僕は考えています。

人間の価値観というのは、その時々のビジネスシステムのなかでつくられています。ここを理解しておけば、正義が変わることもあると理解できますし、大きな流れが把握できます。人間にとって、最優先となるのは「飯のタネ」。価値観は主義主張ではなく、「何で食っているか」で決まるのです。

産業の中心が農業だった時代には、農業の価値観がありました。それでうまくいかなくなると、工業の価値観が農業の価値観を打ち壊しました。そこに閉塞感が出てきて、サービス業の価値観がスタンダードとなった……。なんのことはない、小学生でも知っている「第一次産業、第二次産業、第三次産業」というコーリン・クラークの産業分類です。

◉ 情報産業の時代がやってきた

昔むかし、日の出とともに起き、日の入りとともに仕事を終える農夫は、季節ごとに自分がつくった大地の実りを食べて幸せに暮らしていました。ところが干ばつや天候不順が起きると、その幸せは破壊されます。「一粒の麦も実らず、家族全員が飢え死にだ」となってしまうのです。

途方に暮れた農夫の村に、「天候次第の農業なんてダメだ」というよそ者がやってきます。彼らは雨が降ろうと嵐になろうとものがつくれる工場を建て、長時間ひたすら働いて生産性をあげます。農夫たちは当初、よそ者を敵視していますが、いつのまにかよそ者の工場で働くようになります。農夫は農夫でなくなり、よそ者はすでによそ者ではありません。彼らは一体化し、ものをつくる労働者になり、新しい価値観をもったのです。

ところが市場にものがあふれると、それまでのようには売れなくなります。頑張ってつくったのに「こんなのいらない」と突き返されます。そこにより便利なものをつくって付加価値をつけたり、言葉巧みにものを売ったりする新たなよそ者がやってきます。

「何にもつくらず、小手先だけのことをして」と、ものをつくる労働者はよそ者を嫌いますが、やがて彼らが生み出す富に魅せられます。「俺たちは毎日一〇時間働いて二万円稼ぐのに、あいつらはたった一時間で同じだけ稼ぐ。休むこともできるようだ」と羨んだ労働者は、いつのまにかよそ者と同じことをします。こうしてよそ者はいなくなり、全員がサービス、接客業について同じ価値観をもちます。

最後にやってきたよそ者、否〝海賊〟が、これからの時代の〝情報産業の先駆者たち〟です。単なるサービス・接客ではなく、佐藤可士和さんを例に説明したような「相手の欲しがる情報をつくりだして売る」というタイプもあれば、情報をまとめるプラットフォーム企業、グーグルやフェイスブックに代表されるITテクノロジー系もいます。

◉大逆転が起きる「革命の時代」の到来

『2022――これから10年、活躍できる人の条件』（神田昌典著、PHP新書、2012）は、時代のうねりを的確に捉え、それをキャリアにひもづけて読みやすく書かれたマーケターの神田さんらしい一冊です。この本にはこんなことが書いてありました。

つまり時代の流れが変わるときには、突如として●英雄が、戦犯になる。●出世街道にいた人たちが、職を失う。●輝いていた職業が、軽蔑されるようになる。（同書P31）

なぜなら、現在の価値観で評価されようと頑張れば頑張るほど、二〇一五年になったとたんに、あなたの評価は地に落ちるからだ。（同書P31）

まったくの同意見の僕は、「これからは自分自身も、全然違うことをやっていこう」と考え始めています。同書にあるとおり、価値観の変化は歴史上ずっと起こっています。価値観が変われば、古い価値観のトップにいた人間は戦犯になります。すべての歴史は〝事実〟ではなく、勝者に都合よく上書きされた〝物語〟なのですから。

さらに、メンタリティと価値観は、どんなものでもいったん構築されると強固になり、それが足かせになって次の時代に対応できなくなるという危険をはらんでいます。自ら変わらなければ、変化を起こす〝よそ者〟がどこからかやってきて、滅びるしかありません。

◉ 情報産業においては、移動することが戦略的に重要になる

情報産業の価値観は〝軽薄〟です。人は一つの情報を得たら、同じ情報をもう一つ欲しいとは思いません。「いい本だから二冊買う」とはなりませんし、あったとしても、本という〝情報〟ではなく、プレゼント用や永久保存用という〝もの〟を買っています。

その点、リンゴは食べればなくなるからお腹が減ってもう一つ欲しくなるし、新しい靴も古くなればすり減るからもう一足欲しくなる。しかし「リンゴの上手なむき方」や「靴の上手な磨き方」という情報を得たら、それはもうその人のもの。使ってもなくならないし、いい情報であれば古くなりません。

こうなると、情報のつくり手は常に新しいものをつくらなければなりません。次から次へと新しい情報を手に入れ、考える必要があるから、場所も移動したほうが有利。しかし、その場所にも時間にも縛られない生き方は、農業や工場労働の人が見ると軽薄に映る――これが現代のノマドでしょう。

ベストセラーとなった本田直之さんの『ノマドライフ』（朝日新聞出版、2012）には、こんな記述があります。

「アイデアと移動距離は比例する」（同書P143）

「リツイート」ボタンや「いいね！」を押すだけで情報がフィードできる時代、PCの前で情報収集しているだけでは「差別化」できません。自ら移動して現場に飛ぶ人だけが、差別化した情報を手にすることができるのです。

先日、海外のブックフェアに行った編集者に聞いたのですが、現在、スペインでは起業本が売れているそうです。欧州連合（EU）のなかでも、スペインはとくに失業率が高く（二四・四％、二〇一二年一～三月）、なかでも二五歳未満の若者世代では五〇％を超えています。若者たちはもはや就職に希望を見出しておらず、自ら雇用をつくり出そうとしているのです。こういう情報は、動かないと手に入れることができません。

情報産業においては、移動することが戦略的に重要になる。頭では理解できると思います。身軽な彼らは、従来の価値観でいえば軽薄です。しかし軽薄こそ情報産業そのもののカルチャーですから、今後の人間はみな軽薄になります。不動産でも車でも、所有することの価値は減り、婚姻関係の必要も感じない時代がやってくるかもしれません。誰も持ち家を欲しがらず、情報端末をはじめ持ち物はすべて「軽」くて「薄」いものが好まれます。スマートフォンも、軽くて薄いサムスンの「GALAXY」シリーズが売れているのは偶然ではありません。

◉ ホワイトカラーが消滅する

情報産業に携わる人は今後、「A＝情報クリエイター（創る人）」「B＝情報ディストリビューター（運ぶ人）」の二つに分かれます。

Aの割合は全体の一％、多く見積もってもせいぜい五％ぐらい。Aに属するのは高度知的生産に携わる人たちです。彼らは「人が欲しがる情報をもっている人」「生み出せるスキルがある人」「高度知的産業に携わる人」であり、これからの時代にも食いっぱぐれることはなく安泰です。

情報を生み出すことができない九九〜九五％の人は「情報ディストリビューター」となります。彼らは情報を一般に広める機能を果たします。

情報ディストリビューターはさらに、次の二つに分かれます。

・知的サービスを付加する情報ディストリビューター（ホワイトカラー）
・情緒的サービスを付加する情報ディストリビューター（サービス、接客業）

一般的なビジネスパーソンは前者です。ものを生産する時代は、「工場というシステム＋大勢の働き手」という構図があり、ホワイトカラーとはそこから派生した生産性向上のための〝知的サービスを売る人たち〟でした。後者の情緒的サービスを付加する情報ディストリビューターは、サービス・接客業に就くビジネスパーソン以外に、飲食ビジネスで時給労働をするアルバイターやフリーター、水商売の人も含まれます。

情報化社会になると、知的サービスが提供してきた価値はコンピュータに取って替わられるため、ホワイトカラーの数は激減することが予想されます。つまり一般的なビジネスパーソンは、これから厳しい時代を迎えるということ。『任天堂 〝驚き〟を生む方程式』（井上理著、日本経済新聞出版社、2009）を読めばわかるとおり、調子がいいとされる日本の大手メーカーも、日本市場ではなく海外で儲けているだけです。日本が飽和状態になったので海外に場所を移して同じビジネスを再現し、なんとか日本の雇用を守っているのです。ヨーロッパでもアメリカでも市場を取りつくしたら、たちまち赤字に転じます。事実、この本が出た三年後、二〇一二年の三月期連結決算で、任天堂は上場以来初の赤字転落を発表しています（売上高は前期比三六％減の六四七六億円、最終損益が四三二億円）。任天堂の株価は二〇〇九年五月から現在に至るまで大幅に下落していますが、これは事前にこの『任天堂　〝驚き〟を生む方程式』をしかるべき読み方で読めばわかったことです。

円高というメーカーに不利な条件も加わり、近いうちに日本を代表するような大手メーカーが大規模なリストラを敢行し、そのときが決定的な終身雇用の崩壊となるでしょう。（この原稿の執筆中に、ソニーが1万人のリストラを発表しています）

つまり、ホワイトカラーは近い将来「①努力して情報クリエイターに移行する、②給料が下がっても甘んじて受け入れて現状に留まる、③思い切って起業する、あるいはノマドになってリスク分の報酬を受け取る、④接客・サービス業に移行する」という選択を余儀なくされます。この四つの選択肢について順番に考えてみましょう。

①のように、全員が高度知的生産に携わる人になれれば、それは一つの理想です。しか

し現実には、相当な知識、頭脳を求められるため難しい。

②の現状維持を選択した場合、年収減とリストラが懸念されます。生き残るのはマネジメントができる人。これからの時代は決算書の読めないビジネスパーソンは危険です。

③は、ギャンブルです。会社員として安いけれど安定している報酬を受け取るか、リスクを負って起業家・ノマドになって高い報酬を受け取るか。優秀な社員であれば、雇用のリスクがなくなった分、ラッキーだといって前の会社から仕事を受けることができるでしょう。ただし、甘えは許されません。失敗したら、いつでも首を切られる覚悟でいなければなりません。

④についていえば、参入障壁が低く、一番現実的な選択肢に見えます。しかし、この移行もスムーズではありません。なぜなら接客・サービス業には人手が必要ですが、こちらは現時点でさえ供給過剰。雑誌『小悪魔ageha』(インフォレスト発行)が発行部数を伸ばし、大学卒業後の進路としてキャバ嬢やホストを志望する学生が出現したのは、二〇〇六年前後ですが、今はそうした話をあまり聞かなくなりました。需要を上回るほど人手が増えれば、市場原理からいって、より儲からなくなります。結果として、日本は全体的に低所得者が増えていくと予想されます。

このように行き場がないとしたら、中間層のホワイトカラーはどこへ行けばいいのか？　彼らの受け皿となる仕事はなにか？　その答えが、次のビッグマーケットとなります。

こうした状況ならば、日本人が誇るホスピタリティを活用して、カルチャーを売ればいい。これが僕の考える打開策その一です。

産業が成熟して情報を売るというのは珍しいことではなく、「文明が成熟するとカルチャーを売る」という歴史が物語っています。たとえば古代ギリシャは、政治的にはローマに征服されましたが、カルチャーとしてはローマを征服しました。ローマがもつ影響力に自身のカルチャーをのせて世界に売ったのです。ローマ神話というのは実はギリシャ神話だし、ローマは世界を征服しながら、ギリシャ文化を世界に伝える役割を果たしました。だからこそ、ギリシャは経済危機の今でもGDPの一七%が観光という国なのです。

情報化社会になると、これまでとは比べ物にならないくらいたくさんの人や場所、商品を知ることになりますが、人間は知れば直接かかわりたくなるもの。だからこそ、今後観光産業は有望だと僕は考えています。事実、観光産業は「二一世紀最大の産業」といわれており、WTTC（世界旅行ツーリズム協議会）発表の「Travel & Tourism 2011」によると、全世界のGDPの九％を占めるに至っています。日本を訪れる外国人客は前年比二六・八％増で過去最高といえど、八六一万人でまだまだです（二〇一〇年日本政府観光局発表の「訪日外客統計」）。ギリシャのみならず世界の歴史ある国では、GDPに占める観光産業の割合が一〇％ほどの国が結構ありますが、日本はまだ二～四％程度、伸びる余地はまだまだあります。

僕の考える打開策その二は、専門性が高く高度なスキルを身につけ、〝知識プロフェッショナル〟として今に近い働きかたで生き残ることです。たとえば僕の知り合いで、派遣で十何年も貿易事務をやっている四〇代の女性がいますが、彼女は「一つの会社と契約が切れても、いつでも次が見つかります」と言っていました。普通の事務の派遣社員はパソコンに取って替わられますが、特殊な知識を必要とする彼女のような派遣社員のニーズは続くということでしょう。今は誰でも簡単に情報を売ることができる時代ですから、こういう専門スキルがある人は、フォーマットを売る、教育コンテンツを提供するなどのやり方で稼ぐことができる。「ホワイトカラー」＋「セルフブランド」＋「情報発信」というパターンで収入を伸ばすことが可能です。

さらに言うと、情報産業は物理的な労働を要さず、仕入れも情報ですから、体力がなくて知恵がある老人でもできる。いわば高齢化社会にぴたりとマッチしている産業なのです。情報のクリエイターもしくは体を使わずにすむ情報のディストリビューターになれた人は、定年なく働けるし、生涯現役も可能だということです。

この模索は非常に重要な「これからの時代のキャリアプランニング」ともなるので、第三章でより詳しく検証します。

2010年代、時代の振り子はどう動くか

未来予測は意味がない。これが僕の結論です。状況という〝予測の原材料〟は変わりつづけるのに、絶対の予測などできるはずもないのです。予測するのではなく潮目を読むためには、すべての物事を「対義語」で考えることをお薦めします。

今が「豊か」なら、次は「清貧」に振り子は振れる。今が「個人主義」なら、次は「全体主義」に振り子は振れる。「今を表す言葉と、その対義語」が何かを考えれば、時代のうねりは読みとれます。実を言うと、これは僕のマーケティング手法でもあり、投資法でもあります。

収入が減ると人は費用を減らします。供給が需要を上回れば余ります。いくら儲かる産業でも、参入者が増えすぎれば儲からなくなります。ビジネス書からこうした動きを読みとることもできます。

たとえば、本当に儲かる投資の本があるとして、発売時に注目している人はあまりいま

せん。専門的すぎて難しかったり、地味な本だったりするためです。しかし、「儲かりそうだ」と気づいたごく少数の人がいれば、ある程度のレベルの投資家向けの本が何冊か出ます。勝ち馬に乗りたければ、遅くともこの時点で気づかなければなりません。

それがやがて一般化し、ブームになります。そのうち「大学生の僕が五億も儲けた！」「主婦の私でもできる〇〇投資法」みたいな本が出てきたら末期症状。実際にその分野に投資していたとしたら、降りる準備を速やかにしないといけません。

では、今までの振り子と、これからの振り子をダイジェストで紹介してみましょう。

◉「個人から全体へ」——本田健と土光敏夫の教え

個人主義を極めたこれから先は、全体主義に振れます。本田健さんのデビュー作は、『**幸せな小金持ちへの8つのステップ**』（ゴマブックス、2002）。この本は彼が育児のためにセミリタイアしていたときに書いた小冊子が元になっています。

お金と生活のバランスを考え、個人の幸せを追求した本田さんですが、講演、セミナーのテーマは二〇〇六年頃からキャリア論にシフトしています。本についても『**20代にして**

おきたい17のこと』（大和書房、2010）のヒットは記憶に新しいところ。プロデューサー気質で賢い人だけに、個人の時代の終わりをいち早く察知し、個人主義的なライフスタイル論からキャリア論の提唱者へと、自分自身をリブランディングしたのでしょう。

震災や戦争などの「非常事態」に襲われたとき、個人主義は簡単に滅びます。今のノマドブームも、単に個人主義を打ち出すだけだと一過性のもので終わるでしょう。しかし、定住する農耕民族の時代から遊牧民の時代へと振り子が動いたことは確かなので、その本質にフォーカスすれば、今後ますます認められる生き方となります。

ノマドはいささか例外的ですが、今後の日本は個人主義から全体主義に振り子が大きく振れるでしょう。これはビジネスにおいても同様です。前述した『清貧と復興　土光敏夫100の言葉』は、震災後タイムリーに売れたともいえますが、土光さんはもっと奥が深い経営者。「清貧に生きる」とは思想ではなく、ビジネス戦略だと読み解くこともできます。

彼は「勝ち残るためには全体主義が有利である」ということを以前から喝破していました。『清貧と復興』には、「個人は質素に、社会は豊かに」という土光さんの発言が紹介されていますが、理にかなっています。個人が質素になったぶん国家が豊かになれば、グローバル競争で国として勝ち残り、結果として個人も豊かになるのですから。

『経営の行動指針』（土光敏夫著 本郷孝信編、産業能率大学出版部、２００９新訂）は、一九七〇年に出版され、読み継がれた本をリニューアルしたものですが、そこからも土光敏夫の〝ビジネスとしての全体主義〟が読みとれます。

全社員が共通の価値観で結ばれること、これこそ期待される会社像だ。（同書Ｐ12）

会社全体が「システム」という概念を体得せよ。（同書Ｐ132）

社内の人間の顔をたてるよりも、社会への会社の顔をつぶさぬことを考えよ。（同書Ｐ180）

これまでの日本は個人が豊かになろうとした結果、小金持ちが増えたものの、国家としての競争力は低下しました。国を会社だと考えるとよくわかります。労働組合に守られ、多額の企業年金をもらえれば社員は嬉しいでしょうが、そのお金は本来、次のビジネスの投資に回すべきお金。どんなに頼れる大企業でも、新しいビジネスに資金が回らなければやがてじり貧になり、社員の面倒を見る体力がなくなります。社員目線でいうと、「自分が生き残りたいなら、目先の給料より会社を強くするのが合理的」となるのです。

これからの世界中のリーダーは、いかに国民に〝妙な私欲〟をもたせないようにするか、真剣に考えることになるでしょう。個人が豊かになろうとして過度な賃上げが起これば、国としての競争力が低下するからです。ただし無欲では成長しないので、バランス感覚を養う豊かさの先の教育が非常に重要になってきます。

自己中心的で気まま過ぎた教育への反省は絵本にも見られます。最近、児童書の世界では『絵本・地獄』（白仁成昭 宮次男著、風濤社、1980）をはじめとした地獄絵が流行っていますが、これは、悪いことをすると怖い世界があるよとしつけるための道具です。

情報化社会も日本を全体主義へと向かわせます。バーチャル上で昔のムラ社会が復活し、衆人環視社会が到来。飛び抜けた行動をしようとする個人は、その他大勢に引きずりおろされる。そこまでひどいことにならなくても、孤立する可能性が大いにあります。

それでもわが道を行き、自分自身がヒーローとして抜きん出るか？ 全体主義と絆に安らぎを見いだし、国家として強くなるか？ なかなか難しい選択です。

◉ 革新から保守へ――人気職業の変遷は何を語るのか

終戦からこれまでの日本は、革新しながら成長してきました。次々と新しい価値観が誕生し、その都度人々は変化したのです。そうであれば、次にくるのは真逆の保守。

先日、資格の学校TACのホームページを見ていた僕はびっくりしました。公務員試験の受験者がずっと伸び続けているのです。「資格より実力だ」とされ、資格ブームは落ち着いたのかと思っていましたが、驚異の右肩上がり。日本経済とは真逆に行っています。

日本を愛しているから公務員になりたいのではない。不安定な時代だから、安定した収入、安定した公務員の仕事が一番のニーズとなり、資格試験の講座に人が集まるのです。かつて採用にお金を出すのは企業でしたが、最近は雇用される側から金を取っているビジネスモデルも登場してきました。

『10年後に食える仕事、食えない仕事』（渡邉正裕著、東洋経済新報社、2012）にあるように、公務員は日本国民にしかなれない職業。外国人には参入障壁があり、グローバリゼーションの影響を全く受けずにすみます。その意味で言うと、政治家、裁判官なども外国人と競争せずにすむ職業として人気になるはずです。

もっと起業家が増えてほしい僕としてはおもしろくないのですが、保守化する社会では医師、弁護士といった〝士業〟が再び人気となるでしょう。ただし取得が簡単で、排他的な権利をもたない中途半端な職業は、需要に対して供給過多となり、余っていくでしょう。法廷での訴訟代理権がある弁護士のような職業こそ、武器となりえます。

◉豊かさから潔さへ——チャリティーは現代の茶の湯

「豊かさの次は質素だ」というのは、もうおわかりでしょう。しかし、ただの質素ではありません。つましく節約するのではなく、〝かっこいい節約〟すなわち〝潔さ〟に振り子は振れつつあります。

究極のシンプルとされ、世界でも注目される茶の湯を完成させたのは千利休。安土桃山時代に生きた彼のパトロンは、過剰な豊さに飽きた権力者たちです。

いつの時代も、文明の末期にはお金があふれます。そこからインフレが起きるわけですが、それ以前に富裕層のありあまるお金は、ビジネス以外のどこかしらに流れ込む。つまり消費されるのです。

お金持ちのほとんどは最初、買い物や遊びにお金を費やすものの、いずれ飽きます。それは今、銀座を訪れる金持ち中国人の買い物動向を見ていてもわかること。次にお金持ちは、文化にお金を投入しはじめます。画家や音楽家のパトロンになったり、茶の湯にはまったり。「この茶碗は何百万円」と言われても「何千万円」と言われても、彼らがすんなりうなずくのは、茶碗の原材料や機能性でなく精神的な価値にお金を払っているからです。「自分の精神性が高まり、浄化されるようなものにお金を遣いたい。そんな自分を誇りに思いたい。いや、『文化的だし人間としてかっこいい！』とみんなに尊敬されたい」

これこそ安土桃山時代から今日に至るまで、大金持ちが茶の湯を愛する理由です。そうなると茶碗は、できるだけ派手でないほうがいい。金ピカなんてもってのほかです。一目で価値がわからないから、何やら精神性が高くてありがたく見えるというカラクリです。

現代における茶の湯がなにかといえば、チャリティーだというのが僕の見解。億万長者は、かならずチャリティーに力を入れています。東日本大震災で寄付をしたお金持ちは、「復興のために」という気持ちと同じくらい「尊敬されたい」という気持ちを抱いていたはずです。「いざというときはさっとお金を出す。いい人なんだな。潔い人柄だな」と評価してほしいという思いを抱くのは、ネットワーク社会の影響もあります。僕もフェイスブックやツイッターをスマートフォンでチェックしていますが、ある時ふと客観的になり「あぁ、僕は自分の発言に対する人の評価が気になってチェックしているんだ」と気づきました。

衆人監視社会ですから、みんなから評価されたいし、評価されれば利益にも結びつく。リスクを避けることにも役立つ。お金持ちや成功した人たちのチャリティーは、〝評価を上げるための投資〟です。アメリカなどではっきりと税金対策でもあります。

ちなみに先日、歴史に詳しく、最近は『**経営者・平清盛の失敗**』(講談社、2011)も上梓した公認会計士であり作家の山田真哉さんにうかがったのですが、お金持ちや特権階級が茶の湯にハマったのは、「密談」ができるからという意味もあるそうです。実力者が集まり、密談する場に混ぜてもらえなければ、政治上、不利な立場に立たされる。だから茶の湯を主宰する千利休のような人間に、権力が集まったようです。

そういう意味で、『**人を助けるすんごい仕組み　ボランティア経験のない僕が、日本最大級の支援組織をどうつくったのか**』(西條剛央著、ダイヤモンド社、2012)を読んだときには、衝撃を受けました。この本を書いた西條剛央さんは、東日本大震災後に立ち上がった日本最大級の支援組織「ふんばろう東日本支援プロジェクト」の代表ですが、ネット上でものすごい影響力をもっています。ボランティアを通じて糸井重里さんはじめ、多くの著名人と人間関係を広げていくさまは、まさに現代版「茶の湯」。

ネットは一時、人々のコミュニケーションをオープンにしましたが、ここに至ってクローズ化への動きが見えてきました。かつてゴルフ会員権が「密談」の道具だったように、これからは「会員」になることや特定のコミュニティに属することが、人々の興味をひきつけそうです。フェイスブックは、ハーバード大学内で「ファイナルクラブ」から誘ってもらえなかったマーク・ザッカーバーグがつくった復讐のツール。これからは、このフェイスブックを通じて、多くの秘密結社がつくられていくことでしょう。

◉ 大から小へ――五木寛之と曽野綾子に続く「新しい終わり方」とは

つくれ、増やせの時代の振り子は、大きくすることに振れていました。これから小さくすることに振れるのは、片づけ本ブームや〝小さな政府〟への志向から見てとれます。

先日、あるお金持ち所有のビルを見に行ったときのこと。売る気があるというので、いずれ会社兼何かの用途で使えないかと出かけてみたのですが、とんでもない大豪邸。若いときから支援しているという有名歌手ゆかりの品が飾られ、奥さんが趣味でやっている伝統芸能を披露する舞台まであり、調度品も見るからにお金がかかっています。

ところが年老いたオーナーと奥さんは、パーティができそうなほど広いリビングの片隅に絨毯を敷き、ちんまりと石油ストーブに当たっています。聞いてみると、エレベーターだけで維持費が月に八万円。節電しているのだと言います。保守費用も考えるとエレベーターは高すぎるという話を聞いて、「もう維持できなくなったんだな」と感じました。

そのオーナーは「年をとったし、夫婦二人ではこの家は広すぎるから売ろうと思う」と言いながら、「まあ、今すぐ売らないと暮らしに困るわけじゃないけど」と付け足しました。その言葉は明らかに虚勢で、「強がっているけれど本気で売りたいんだ」と思いながら帰ってきました。

広い豪邸は必要ないし、なにより老後資金となる現金を捻出したい。だから老いたお金持ちは豪邸を売って、小さくてセキュリティも良いマンションを買うのです。小さな暮らしであれば、維持するのにお金もエネルギーもさしてかかりません。高齢者が売った家は、おそらく更地にされてマンションが建つでしょう。夫婦二人の家だった場所に、何世帯も住めてしまいます。各戸は非常に狭いものの、お金のない若い人たちにはぴったりです。

結局、お金持ちの老人もお金がない若い人も、小さな暮らしを手に入れることになります。

大きいものが解体されて、細切れにされる。大から小へという振り子です。『**下山の思想**』（五木寛之著、幻冬舎、２０１１）や『**老いの才覚**』（曽野綾子著、ベスト新書、２０１０）が読まれているのは、いよいよ高齢者も手じまいに入り、積み減らしを考えている証拠です。九四年の永六輔さんによる大ヒット『**大往生**』（岩波新書）の頃の日本はまだのどかで、死はあくまで個人のものでした。しかし『下山の思想』や『老いの才覚』からは、自分の命だけではなく、日本の栄光が終わる雰囲気が漂ってきます。

『下山の思想』の一文が、まさに本質を突いています。

> 上昇するということは、集中するということだ。これまでこの国は、集中することで成長してきた。（同書Ｐ24）

集中のあとのこれからは、分散の時代でしょう。直木賞作家であり、七〇年代に人気を博した『**青春の門**』（講談社）が今も読まれている五木さんですが、九三年の『**生きるヒント**』（文化出版局）、九八年の『**大河の一滴**』（幻冬舎）と自己啓発の分野でヒットを飛ばしてきたのは、時代を読む優れた資質ゆえだと感じます。

これからは、高齢者の手じまいの指針となる本が、ますます必要とされます。すこし前だと『**遺品整理屋は見た！**』（吉田太一著、扶桑社、2006）のような悲壮感漂う話が多かったのですが、ポジティブで新しい終わり方の本が出てくるべきだと思います。

◉複雑からシンプルへ——ミケーネ文明末期と今の日本に共通するもの

iPhoneに象徴されるシンプルブームはすでに言い尽くされた感がありますが、僕はミケーネ文明の崩壊を連想します。今の日本は、紀元前一二〇〇年〜七〇〇年頃、ミケーネ文明末期から暗黒時代のギリシャにとてもよく似ていると感じるのです。

紀元前一二〇〇年のカタストロフ（何があったかは不明）をきっかけに、ミケーネ文明は崩壊。暗黒時代に突入しますが、そこで流行ったのが秩序正しい模様でした。遺跡を見れば、ほとんどがシンメトリー（左右対称）でジオメトリック（幾何学的）です。

海洋文明であり、豊かだったクレタ文明では自由闊達で複雑な曲線が支持されましたが、不安が伴うミケーネ文明末期〜暗黒時代はシンプルな幾何学模様がよしとされました。安定した社会であれば、アバンギャルドなものや自由なもの、複雑なものが流行る。逆に不安定な社会だと、人間は安定した模様やデザインを求める。シンプルでシンメトリーなデザインの人気は、ここしばらく続くはずです。

シンプルの象徴とされるアップルのデザインを知るには、『シンプリシティの法則』（ジョン・マエダ著、東洋経済新報社、２００８）がおすすめです。一〇〇ページ程度なのに読みごたえのある本で、ＩＴとデザインの第一人者が「シンプル」について余すところなく書いています。本書で押さえておきたいのは、著者が提唱する「ＳＨＥの法則」。シンプルにするためには、①Shrink（縮小）＝小さくする、②Hide（隠蔽）＝あまり使わない機能を隠す、③Embody（具体化）＝高機能を具体的にアピール、すればいいというものです。高機能かつシンプルな製品を創るために、ぜひ押さえておきたい一冊です。

もう一つ、ミケーネ文明末期と日本に共通するキーワードは「モバイル」。いつ敵が攻めてくるかもわからない、略奪も多いという時代、富裕層は堅牢な建物を造りました。日本でセコムの需要が堅調なのと同じ現象です。そして富裕層以外の人々は、財産を宝石に変えてアクセサリーや剣に埋め込み、常に携帯できるようにしました。剣に埋め込んでおけば、離すときは死ぬときという発想です。

今の若い人たちの財産は、宝石ではなく車でもなく人間関係と情報。肌身離さずスマートフォンを〝携帯する〟のは、全財産を持ち運ぶという思想でしょう。スマートフォン一つあれば、人的ネットワークを駆使して仕事ができる時代。そこには同時に、スマートフォンのみならず人間関係さえ、「いつ奪われたりなくしたりしても不思議はないもの」という恐怖と不安があります。便利さゆえもあると思いますが、「エバーノート」や本の「自炊」がはやっているのも同じ理由だと思います。社会が変わらないかぎり、この現象も続くはずです。

ミケーネ時代のすばらしい銅剣や宝飾品はアテネの国立考古学博物館にたくさん展示されていますが、目につくのは黄金のデスマスク。昔のお金持ちは死ぬときに自分の顔を残していました。話は前項の「手じまい」に戻りますが、お金持ち向けの「この世に足跡を残すビジネス」もニーズが増えていくでしょう。自費出版やビデオ作成もその一つで、現代のデスマスクといえます。

◉ 成功から幸せへ――自分でつくる幸福は決して裏切らない

「ビジネス書にとって厳しい時代が続く」

出版社も編集者も口を揃えるのは、読者はみな、ビジネスの成功よりも暮らしの安定を求めるようになったからです。「つくること、増やすことが正しい」という価値観では、仕事の成功の先に幸せがありました。その手段としてビジネス書が読まれたのです。

しかしその価値観が壊れた今、「成功と関係のない幸せ」を多くの人が求めています。仕事よりもライフスタイルが関心テーマ。これからは、本も、ものも、サービスも、幸せを絡めれば売れるという時代になります。幸せ、もしくは「これさえあれば幸せになれる」という手段が見つからないかぎり、幸せ探しというニーズは継続します。

そんななか、非常に読まれているのが、『アランの幸福論』。岩波文庫を筆頭に、集英社文庫、NHK出版のムック、絵本版、ディスカヴァー・トゥエンティワンの新訳など、新旧取り混ぜて俄に注目が集まっている感があります。アランこと一九世紀のフランス哲学者エミール・オーギュスト・シャルティエの主張は、「平和主義のもと教師」というベースも手伝ってシンプルでわかりやすい。能動的な楽観主義ともいえます。

この古典がにわかに脚光を浴びたのは、テレビで取り上げられたことがきっかけと言われますが、「自分でつくる幸福は、決して裏切らない」というメッセージが震災後の時代のニーズと合致したからでしょう。

『ビジネスブックマラソン』において、僕はあまり幸福論をとりあげません。なぜなら幸福とは「主観」の問題、つまり本人の問題だと思うからです。一方、ビジネス書のテーマである商業的な成功というのは、お客さま（＝他人）あってのものですから、おのずと客観を取り入れざるを得ない。そこに学ぶ余地がある。

それでも、あえて幸福を論じるなら、おすすめしたいのは哲学者ショーペンハウアーの名著『**幸福について―人生論**』（新潮文庫）。ここには、生きることに苦しむ現代人への、あらゆるヒントが詰まっています。人間の幸福にとって最も重要な「あり方」という問題、富と幸福の関係、朗らかさや健康は即幸せにつながるという視点、虚栄心と誇りの区別……。ショーペンハウアーの思索の世界にぐいぐい引き込まれる、じつに「深い」一冊です。

さて、対義語を用いた時代の潮目の読み方がわかったところで、現在のトレンドとお薦め本の紹介に入っていきましょう。

第3章

テーマ別トレンドと「今が旬」のお薦め本紹介

「ロールモデル不在時代」の働き方

時代によってヒーロー像は変遷します。情報革命が起きた今、従来のシステムはほぼ崩壊していますから、基本的に「リーダーもロールモデルもいない」という認識をもちましょう。これまで読んできたようなリーダーシップ論やカリスマ経営者の評伝は「ビジネス書」というより「志を学ぶ本」と位置づけること。大切なのは、自分がビジョンを持ってどの産業のどのポジションで働くかを考え、その仕事に役立つ実践的な本を選ぶことです。

89ページ「ホワイトカラーが消滅する」で述べたように、情報化社会におけるビジネスのポジションは変化しますので、詳しく整理しておきましょう。

まず、情報産業においてのポジションは「A＝情報クリエイター系、B＝情報ディストリビューター系」の二つに大きく分かれます。そこからさらに細分化されていくので、次の表をもとに順番に説明します。

A 情報クリエイター系 （全体の1～5%）	① 情報を得る、あるいは分析・研究して情報をつくる「クリエイター」	ジャーナリスト、アナリスト、コンサルタント、研究者、学者
	②情報を組み合わせ、他にはないかたちで表現する「コンセプター」「キュレーター」「プロデューサー」	デザイナー、webプロデューサー、編集者、作詞家、作曲家、エンタテインメント・ロイヤー、美容師、華道家
	③情報と人とマーケットをマッチングし、情報の新しい価値を創出する「マーケター」	マーケター、事業家、トレーダー、アクチュアリー、各種仲介業
	④自身が情報（商品）であり、カリスマ性や魅力を持つ「タレント」	アーティスト、俳優、芸人、著者
	⑤ITテクノロジーを駆使し情報を獲得する「海賊」	IT事業家、プログラマー、エンジニア
B 情報ディストリビューター系 （全体の99～95%）	⑥新しい情報の意味や価値を相手に応じてわかりやすく伝えられる「教える人」	教師、評論家、営業マン
	⑦ 専門性と高度なスキルを身につけ、知的サービスを極める「知識プロフェッショナル」	弁護士、公認会計士、税理士、社会保険労務士、司法書士、弁理士などの士業、特定のジャンルや商品に詳しい専門家
	⑧専門性と高度なスキルを身につけ、情緒的サービスを極める「おもてなしの達人」	進化したサービス、接客業系のビジネスパーソン

「A＝情報クリエイター系」は五つに分類できます。

①情報を得る「クリエイター」は、独自に鮮度の高い情報を入手する「取材者」「分析者」「研究者」です。職業としてはジャーナリストやアナリスト、コンサルタント、研究員、学者など。彼らに求められるのは、鮮度の高い情報を得るための特権（新聞社、研究所に属しているなど）や情報ネットワーク。新たな視点と質問力、分析力、レポート作成能力、情報を売り込むセールストークも不可欠です。

②情報を組み合わせる「コンセプター」「プロデューサー」「キュレーター」は、分散したフラグメント（情報の破片）を組み合わせて商品化する人たちです。彼らにまず求められるのはアイデア創出力。人とは違う組み合わせが実現できる思考力と企画力に長けていることが必要です。他にはない表現のできる表現者であり、職業としてはデザイナーやプロデューサー、編集者、作詞家、作曲家。彼らに求められるのは他にはない高度な感性、そして表現手段を熟知していること。新しい表現手段の研究も生き残りに必須の〝投資〟です。

③情報の新しい価値を創出する「マーケター」は、ディストリビューター要素もありますがマーケットを熟知し、人間や情報をマッチングして新しい価値を創出する人々です。彼らに求められるのは、流通やメディアなど、販売促進に関する専門知識を有すること。常

に市場をウォッチし、現在および近未来のトレンドを押さえていること。また、人をマッチングさせるため、人間関係のスキル、コミュニケーション能力もなくてはなりません。職業としては、マーケター、事業家、トレーダー、アクチュアリーなど。
④自身が情報（商品）であり、カリスマ性や魅力を持つ「タレント」について、改めて説明はいらないでしょう。彼らに求められるのは、人と違った見た目や声、演出力、言動、表現のユニークさ。職業としてはアーティストや俳優、芸人、著者など。
⑤ＩＴテクノロジーを駆使して情報を獲得する「海賊」については、すでに述べたとおりです。グーグル、フェイスブック、アップル、アマゾンといった外資、楽天やサイバーエージェントの経営者や技術者はここにあてはまります。

次に、圧倒的多数派である「Ｂ＝情報ディストリビューター系」をみてみましょう。ここには三つのカテゴリーがあります。

新しい情報の意味や価値を受け手に応じてわかりやすく伝えられる「⑥教える人」の場合、新しいものを生む必要はまったくありません。職業としては「教師」「評論家」「営業マン」であり、彼らに求められるのは明確な評価基準、適切かつ明快な説明方法、魅力的なプレゼン、話し方や書き方。受け手の習熟度への理解、励ます力、愛も不可欠です。映画評論家だった故・水野晴郎さんが支持されたのは、「いやあ、映画って本当にいいもんですね」というあのお決まりの名ゼリフと無関係ではありません。未来の情報のつくり手である教育ビジネスもこのカテゴリーに入り、将来有望なジャンルといえますが、これも少数の講師にニーズが集中する人気商売のため、実力差が開きます。

「教える人」はまた、多くの人手を要しません。つまり「情報ディストリビューター系」の人のほとんどは⑦もしくは⑧のカテゴリーに属するということです。しかし漫然と働いていたら、⑦にも⑧にも入れないことは自明です。

事務系で働くビジネスパーソンのうち、今後もおなじカテゴリーで働きたければ、⑦知的サービスを極める「知識プロフェッショナル」を目指しましょう。専門性と高度なスキルを身につけ、知的サービスを極めなければ淘汰されます。以下の視点で、今後の生き残りや給料が異なってくるでしょう。

＊代替可能かどうか

どんなに自分が仕事を極めていても、それが外国人やボランティア、ロボット、コンピユータなどに代替されるようでは、食いっぱぐれてしまいます。
＊参入障壁が高いか低いか
情報化社会は、コピー可能な社会。専門知識や資格、実績、人脈、取引条件、ブランドなど、参入障壁を高くしておかなければ、簡単にマネされてしまいます。
＊需要と供給のバランス
同じ専門職でも、今後需要が増えるか減るか。今後、需要が増えるところにシフトするのはもちろん、まだ誰も参入していないところで勝負したいものです。

また、現在サービス、接客業系の仕事に従事しているビジネスパーソンは、専門性と高度なスキルを身につけたいもの。たとえアルバイトであっても、商品に詳しい専門家（⑦知識プロフェッショナル）、あるいは、⑧情緒的サービスを極める「おもてなしの達人」を目指せば高みに到達するのも夢ではありません。前述した「カルチャーを売る」という日本の活路はここから拓けるともいえます。
ちなみに今述べた八つのポジションは必ずしも明確に分かれるものではなく、人によって複数を兼ねていることがあります。

現在のポジションを踏まえたうえで、どのようなビジネス書が役立つかを考えることにします。

◉「情報クリエイター系」の世界観――『憂鬱でなければ、仕事じゃない』

情報クリエイター系のなかでもITテクノロジーを駆使して情報を獲得する「海賊」の思想を知ることは非常に重要であり、最先端のトレンドを知ることにつながります。そのための最良のテキストは、サイバーエージェント社長である藤田晋さんの本です。

二〇〇五年にアメーバブックスから刊行され、現在は文庫化されているデビュー作『**渋谷ではたらく社長の告白**』（藤田晋著、幻冬舎文庫、2007）。「七年も前の本？」と思うかもしれませんが源流は常に処女作にあります。同書にはこんなことが書かれています。

> 私は仕事一筋に命をかける父を誇らしく思う反面、心から共感することができませんでした。（同書P13）

団塊ジュニアである藤田さんは、最初からものづくり世代の滅私奉公的な感覚に、いささかの批判があったようです。先にも紹介した見城徹さんとの共著『憂鬱でなければ、仕事じゃない』とセットで読めば、世代的な考え方の差も浮かび上がり、理解がより深まるでしょう。『憂鬱でなければ～』には、藤田さんのこんな発言があります。

僕の信念は、「二十一世紀を代表する会社を作ること」
（同書P69）

スケール感の大きな言動はグローバリゼーションの時代の象徴。この世代の人たちは、「二十一世紀を代表する会社になりたい」といったこともさらりと言います。見城さんとの共著第二弾『人は自分が期待するほど、自分を見ていてはくれないが、がっかりするほど見ていなくはない』では、こんな記述もあります。

若い人は、多少背伸びして大口をたたいてもいいと思います。若い頃は伸びしろが大きいので、短期間での成長が期待できるからです。
（同書P28）

彼らが目指すのは日本一ではありません。日本の有名経営者よりスティーブ・ジョブズやマーク・ザッカーバーグ、野球だったら大リーグ、サッカーだったらヨーロッパ。「日本国内」という枠がもはや消滅しています。もっといくと堀江貴文さんのように宇宙になります。小山宙哉さんの人気コミック『宇宙兄弟』（講談社、2008～）もこの流れから生まれた作品といえるでしょう。ビジネス書でも、『世界で勝負する仕事術』（竹内健著、幻冬舎新書、2012）、『勝ち続ける意志力　世界一プロ・ゲーマーの「仕事術」』（梅原大吾著、小学館101新書、2012）、『プータロー、アフリカで300億円、稼ぐ！』（石川直貴著、マガジンハウス、2012）など、スケールの大きな話が増えてきました。

『憂鬱でなければ～』で藤田さんの情報クリエイターらしい主張は随所に見られます。いくつか引用しましょう。

お墨付きによる良い噂がたてば、良いスパイラルに乗れる。その噂によって、お客様が増え、投資家が集まり、マスコミも取材しに来てくれ、良い人材を採用することができるのです。（同書P165）

一方、独立することはもといた会社の世話にならないことと思い込み、自分だけの力で成功してみせると意気込む人もいます。現実的に考えたら、それは意味のないひとりよがりにすぎません。

（同書Ｐ165）

仕事では、キーマンをおさえることが、信用を得る上でも大事な鍵となるのです。

（同書Ｐ165）

プラットフォーム戦略、トラフィックや話題性、アクセスを集める方法。すべてものづくり世代にはなかった考え方です。松下幸之助・本田宗一郎に代表されるものづくり時代の価値観では、〝人気とり〟はよしとされていませんでした。「真面目にいいものをつくれば、ほっといても売れる。媚びないことが格好いい」というわけです。しかし、それはもはや遠い昔。大衆の心を引きつける方法を、藤田さんはこう書いています。

例えば、楽天の三木谷社長は、ツィッターのフォロワーを三十万人近く持っています。多くのタレントが、フォロワー一、二万人に止まるなかで、これは飛びぬけた数字です。

その理由は、三木谷社長が謎に包まれた存在だからだと思います。（同書P182）

もちろん、暴露的なものも大衆を強く惹きつけます。（同書P183）

サイバーエージェントはアメーバによって大きく成長しましたが、何よりそれを促したのが芸能人のブログです。（同書P182）

ITテクノロジーを駆使する情報クリエイターには、数を集めることに対する特別な意識があり、この本には藤田さんの商売の原理がちゃんと出ています。情報クリエイターの下で働く社員は、『**藤田晋の成長論**』（藤田晋著、日経BP社、2011）で書かれている評価基準をきちんと押さえておくべきでしょう。

ビジネスの世界は「結果がすべて」（同書P16）

自分の努力ばかり主張する人は、常に結果を追い求めるプロとしての自覚が足りません。

（同書P17）

情報産業における商品・サービスの多くは、必需品ではない「感覚情報」であり、顧客が満足しない商品はゴミ同然です。だからこそ、情報クリエイターの下で働く人には、「結果がすべて」の軸で評価される覚悟が必要です。情報クリエイターの世界では、感性が悪いというだけでクビになることもあるのです。

第二章で述べたとおり、人も産業に合わせたメンタリティをもちます。たとえば、不動産の仲介業をやっている人は、どんなにお金を持っていてもカネ勘定がきっちりしています。なぜならエージェントというビジネスの基本は手数料。不動産の場合、手数料は通常三％ですから、一億の物件を売れば一気に三〇〇万円がふところに入ります。一％にこだわる意識が染みついているのです。もう一つ例を挙げれば、一本の木を丁寧に育てればたくさんの実がなると知っている農業従事者は、気が長く、人を育てることにも熱心です。

この論でいくと、情報産業の〝海賊〟たちは、「自分で創らなくても、人気のあるタレントを集めればいい」という発想の持ち主です。

藤田さんのもう一つの特徴は、とても若々しいこと。情報クリエイターは時代の最先端をいく人々ですから、若々しさと新鮮さを演出することも大切です。最先端に他の分野は引きずられますから、これも前述したとおり、誰もに若々しさが求められる時代が来ている証左といえます。

◉「情報ディストリビューター系」の世界観――『サービスを超える瞬間』

情報ディストリビューター系の人々のうち、情緒的サービスを極める「おもてなしの達人」について述べておきます。情報クリエイターのような〝最先端〟ではありませんが、これからの時代は誰もが知っておきたい世界観といえるのです。

なぜなら情報には、「おいしいレストランの場所」のように、一度知ってしまえば価値を失うものと、コンサートで聴く歌のように、何度でも繰り返し消費したいものの二種類があります。前者はより「知識的」であり、後者は「情緒的」です。観光産業は、多分に情緒的な部分を含む産業のため、やり方次第ではリピーターを呼ぶことができ、今後も大いに有望です。

今後、接客・サービス業に従事する人もしない人も、代表的な本はおさえておきましょう。『リッツ・カールトンが大切にする　サービスを超える瞬間』（高野登著、かんき出版、2005）がベストセラーになった二〇〇五年頃は、『頭がいい人、悪い人の話し方』（樋口裕一著、PHP新書、2004）、『希望格差社会』（山田昌弘著、筑摩書房、2004）など、格差が問題となった時代でした。この時代、リッツ・カールトンは「勝ち組」のシンボルとしてもてはやされたのです。一時のラグジュアリーホテルブームは去ったものの、一流ホテルのホスピタリティから学べる部分は今も多いと思います。情緒的なサービスに大切なのはマナーでも話術でも豪華な施設でもなく「感動」だと、高野さんは書いています。いかに顧客の心を動かすかがキーポイントとなります。

豪華な建物と完璧なサービスマニュアルがあっても、こうした企業の熱いパッションが根底に流れていなければ、ホテルが宿泊産業の域を超えることはない。

（『リッツ・カールトンが大切にする　サービスを超える瞬間』P3）

企業の〝心〟と〝魂〟が従業員を通してお客様に伝わって、初めてホテルは、ひとつのブランドへと昇華されるのです。

（同書P4）

人の心は新しいものを求めますから、いかに飽きられないかが接客・サービス業の命運を握ります。ハードはどんなに豪華でも面白くてもいずれ飽きられるので、ソフトによる工夫や努力が大事になってくる。また、情緒をビジネスにするのですから、人間心理を理解し、親密になる技術をもつこともこのポジションで一流になるためには必要です。

目を閉じたお客様とホテルをつないでいるもの。それは、ホテルにご予約の電話をかけてこられたときから、到着されて、そしておやすみになるまでのあいだの、その日一日のホテルにおける思い出だけなのです。（同書P15）

サービスを超える瞬間というのは、お客様が言葉にされないニーズまでも十二分に満たされたときなのです。（同書P41）

「自分はゲストを心から大切に思っている。ドリンクを六インチ進めるのはゲストの心に触れるプロセスなんだ。そうやって自分のLOVE（愛情）をゲストのハートに送り込むのさ」

（リッツ・カールトン・ニューヨークのバーテンダー、ノーマンの言葉／同書P53）

強烈な感動を、不特定多数の顧客に呼び起こす。芸能界の仕事や演劇に近いかもしれません。それでいてきめ細やかであることも重要です。

お客様の好みや感性は一人ひとり違います。それにきちんと対応してこそ、心に染みるサービスを提供できると思うのです。

（同書P27）

現在、接客・サービス業につく人のレベルには相当な差があります。おざなりなアルバイトから一流のホテルマンまで幅があるのは、マニュアルでは学べない要素がたくさんあるためでしょう。参入障壁が低いわりに一流になるのが難しいのは相当高いスキルが必要とされるためであり、視点を変えれば「努力次第でアドバンテージがとれる」といえます。

今後、多くのビジネスマンが訪れるであろうアジアのサービスレベルはまだまだ低いため、頑張ればグローバルの舞台で指導的ポジションに立つことも可能でしょう。

ホワイトカラーから見ると、接客・サービス業に行くのは下層化のように感じるかもしれませんが、これから多くの人が従事する分野はここ。スキルを極めればお金も満足も手にすることも夢ではありません。もっともこの分野は「若いほうが有利な業界」なので、今三〇代以降のビジネスパーソンがこれから目指すなら、慎重にやる必要があります。

もう一冊お薦めなのは、**『帝国ホテル　感動のサービス』**（宇井洋著　ダイヤモンド社編、ダイヤモンド社、２０００）。伝統ある帝国ホテルのサービスの真髄に迫った力作ですが、なかでも、最初からとれていたボタンまでつける、状況によっては服のボタンを外してからクリーニングする、と言われるランドリーサービスの徹底ぶりには感動させられます。

なんでも、キアヌ・リーブスが映画「ＪＭ」のなかで、「帝国ホテルのランドリーみたいにきれいにしてくれ」というセリフをアドリブで入れたこともあったとか。日本人として、誇らしいエピソードです。

キャリアプランに役立つ必読ビジネス書

　情報メッセンジャーのうち、知的サービスに携わる人にとって、今後、転職はますます普通のことになります。いや、転職せざるを得ない状況となります。おなじホワイトカラーのポジションに留まるにしても、より生き残れそうな業界に移行することを検討したほうがいいでしょう。見込みがある業界で自分を磨けば、「知識プロフェッショナル」として生き残れます。

　これから就職するという人は、いったいどこなら安心して生きられるかを、「安定は公務員だ！」と決めつける前にじっくり考えてみましょう。そのために役立つビジネス書を紹介します。

◉これだけ読めばすべてがわかる！――『会社四季報 業界地図』

どのような会社がいいか考えるとき、第一にすべきは業界規模の研究。今のように混乱していると、安定していそうな大企業に入りたがりますが、今後は大規模リストラも予想されます。「キャリアプランの作り方」といった本はこれまでに多数あり、これからも大量に出てきますが、たいていはかつて、旬の業界にいた著者が書いたもの。今調子が良くても状況はすぐに変わるので、まったく参考になりません。

では、何が一番役に立つのかといえば、これ。**『会社四季報　業界地図　2012年版』**（東洋経済新報社編、東洋経済新報社、2011）です。この本さえ見れば、どの業界が大きく、その業界のどこが伸びているかが一瞬でわかります。類書でいうと、**『図解　見るだけですっきりわかる業界地図2012年版』**（ビジネスリサーチ・ジャパン、幻冬舎、2011）は、大手各社の海外進出状況が、店舗数などのデータをもとに一発でわかるのが特長。吉野家HDを例にとると、米国九八店、台湾五四店、中国二二一店（うち北京一三八、上海一八）などといったデータが、図を見るだけで一目瞭然です（※11年2月現在）。

「この手の本は、業界研究をしている就活生を対象にしたものだ。業界なんてもう知っている」と見過ごしている社会人ほど、改めてじっくり目を通すといいでしょう。投資にも転職にも役立つし、収入を増やそうと思ったら必読です。「今どの会社がどういう動きをしているか」がわかると、「今自分が持っている技能で、もっと儲かる業界に行こう」とか「今いる会社でこんな事業をやれば当たるのでは」という発想ができるようになります。

僕は大学時代、経営学者の榊原清則先生に「ビジネスを見るときは、『マーケット』と『技術』という軸で見ろ」と教わりました。なにより大切なのは、そのマーケットの気持ちがわかるかどうか。最近、知人が経営しているベトナムのホテルが好調のようですが、それは衛生環境の悪いベトナムで、日本人が安心して泊まれる安価な宿がなかったから。同様に、現在、出版界で文庫が売れているのは、値段が安いこと、ずっと読みたかった名著を旅先でゆっくり読めるからです（単行本だと重すぎる）。

最近の書店の売れ行きデータを見ていると、休日の売れ行きが好調で、平日は時間をとれていないことを伺わせます。名著の文庫版は、休日にゆっくり読書したい人のニーズをがっちり押さえているのです。

このように、マーケットの気持ちがわかるか、時代を変える技術があるか、どちらかあれば勝てます。

もうひとつ僕が榊原先生に言われたのは、「技術はカネで買える。だけど、マーケットはカネでは買えない」ということ。つまり、技術より優先すべきはお客さまの心です。自分がそのマーケットの気持ちを理解し、マーケティングできる業界で勝負する――最終的にお金を払うのが人間である以上、それはいつの時代も変わらない最強の戦略です。この戦略をとった場合、「技術ありき」で発想するより、自分のキャリアの可能性を広げられるのです。

仮に、ゴルフのインストラクターをしていて、「社長の趣味嗜好や悩み」を熟知している人がいたとしたら、たとえ専門知識がなくても、社長向けの会員サービスを立ち上げて稼ぐことができます。健康グッズの開発に関わることもできるでしょう。

この軸で見ていくと、戦略的なキャリアがつくれます。ここで述べたような考え方を整理してあるのが、『ワンランク上の問題解決の技術《実践編》』（横田尚哉著、ディスカヴァー、2008）。自分を含め、すべての物事をファンクションで見れば、「私の営業としてのファンクションは何か」と考えられるようになります。

そのうえで『会社四季報　業界地図　2012年版』を、二つの観点で読みましょう。

まず「このマーケットはどういう気持ちを持っているのか？」と想像しながらいろいろな業界について読む。もう一つは「どういう技術を勉強しておけば、自分がそのマーケットで勝てるのか？」と読み終えたあと考える。人によってマーケティング志向と技術志向のどちら寄りかは分かれるので、自分はどちらかも考えてみましょう。

マーケティング志向であれば、併せて読むべき本は心理学、数字の読み方。技術志向の人は、その業界の動向を知るための本や技術書を読むといいでしょう。人が欲しがる「技術」や「モノ」を押さえるか、それともお客さまの「心」を押さえるか。オセロの両端、できれば両角を押さえることが、今後のキャリアにおいて重要になってくるでしょう。

◉マーケットは変化することを理解する――『2050年の世界地図』

業界研究をしても絶対ではありません。僕がよくネタに使うのは、石炭王と石油王の話。「私の友だちね、アラブの石油王に見初められて結婚したの」と聞けば「すごい！」と思うけれど「私の友だちね、石炭王に見初められて結婚したの」と聞けば「大変だねー」というオチになります。

石炭にも良かった時代はありますが、今は昔。石油だって先は見えています。代替エネルギーとして考えたら天然ガスが有望かもしれません（参考：『2050年の世界地図』ローレンス・C・スミス著、NHK出版、2012）。今調子がいい業界を見極めるより「自分が現役で働いているあいだ持ちこたえる業界かどうか」を見極めることが肝心です。

ビジネスパーソンの〝仕事生涯〟はだいたい三八年。この国の正社員は、三〇歳以降の給料が固定化される傾向があり、三五歳の時点で高評価と高収入を確保すれば、そのままずっとキープできます。二二歳で就職したとしたら、最初の八年間は自分の評価を上げるための投資です。僕が『20代で人生の年収は9割決まる』（大和書房、2010）でいちばん言いたかったことは、「生涯年収を最大化しろ」ということです。就活生や若いビジネスパーソンには特に、「今の収入を見てもしょうがない。今いい会社やいい業界かはどうでもいいから、生涯年収を最大化しろ」と伝えたいと思っています。

現役の間、持ちこたえそうな業界の見極めに必要なのは、自分なりの哲学。

「昇り調子の会社はなぜ昇り調子なのか？」

「今勢いのいい業界がメジャーになったら、そのあと何が起こるか？」

じっくりと考えてみなければなりません。何より自分が三八年も身を捧げるのですから、三八年間、やりがいをもって働けるか、三八年間、そのお客さまの幸せを支援しつづける絵が描けるかが重要だと思います。

◉ 手段かプラットフォームか――アマゾン・商社・祇園の共通点

長持ちするのは、手段でなくプラットフォームをつくっているビジネスモデルです。

ＩＴ業界志望の学生が「ものすごく給与がいいＳＮＳ運営会社に採用された！」と喜んでいたら、かなりヤバい。ＳＮＳは注目されるトレンド業界ですが、この後もっといいシステムが出てくるかもしれません。ＳＮＳの会社は、これから就職する人が実力をつける前にダメになる可能性が高い。コピー機販売というすでに斜陽産業のビジネスが中心だったゼロックスが、ビジネスソリューションを提供する会社に変貌を遂げたようなアイデアがなければ倒産する危険があります。なんにしろ〝手段〟を売っている会社は、もっといい手段が出てきた段階で終わりです。すでに消えていったＰＨＳやガラケーの販売会社と同じ運命を辿っても、何ら不思議はないのです。

同じＩＴ業界であれば、アマゾンのようなプラットフォームをもつ会社を選ぶべきです。

自分がアマゾン出身だから推奨するのではありません。アマゾンとはIT業界ではありますが、実態は巨大な小売業です。もっと言うなら、顧客と商品を結びつける巨大なデータベースです。リアルでやっていたことを全部ネットに置き換えているだけですから、いくらでもビジネスがあります。まず本のネット販売で成功して、CDやDVDを売る。本が売れなくなっても、「ウェブ上の店舗」というプラットフォームが整っているから、それを使って電子書籍が売れる。家電も食品も売れる。服も売れる。人が何かしらものを買う限り、アマゾンの仕事はなくなりません。これは楽天も同じだといえます。

一つの事業が立ち上がって軌道に乗り衰退するまでに、ざっくり七年かかると仮定します。アマゾンの例でいえば、本の販売という事業を軌道に乗せるのに三年。収穫の時期が三年あって、その後衰退するまでにもう二年。ここからコスト削減などをやり延命して十年。こんなビジネスを三つ四つ作れれば、自分が現役のあいだは食いっぱぐれません。

「自分が就職したあと、この会社はいくつの事業を立ち上げられるだろう？」と考えれば、生涯を費やせる業界かどうかがわかります。この考えでいけば、今落ち込んでいる産業でも盛り返す可能性が見つかります。

総合商社が「どんな時代にも強い」といわれるのは、アマゾンと同じプラットフォームビジネスだからです。仕組みをつくってビジネスにし、時代に合わせて扱う手段を変えていったら、工夫次第でいくらでも存続できます。

アマゾン、総合商社と並んで勉強になるプラットフォームは祇園。格好のテキストは、『**京都花街の経営学**』（西尾久美子著、東洋経済新報社、２００７）です。

京都のお茶屋は、プラットフォーム。もっと端的にいえば空っぽの箱です。舞妓や芸妓は芸能プロダクションのような存在である置屋から呼んでくる。食べ物は全部、料理屋から取り寄せる。これは顧客に飽きられないための緻密につくられたシステムです。

もしお茶屋が、祇園中の話題を呼ぶような一人の売れっ妓を抱えたとしたら大変です。彼女には維持費がかかりますし、いつかは必ず年をとる。「この芸妓のおかげで店が大繁盛」というビジネスモデルは、その芸妓が年をとったらアウトです。スキャンダルを起こす危険もあり、タレントと同じ〝変動性の高い生もの〟に頼るのは危ない賭けです。

また、おいしい和食を目玉にしようと一流の板前と素晴らしい板場を完備しても、おいしいイタリアンが大流行すればアウト。板前はクビにできずに人件費がかかり、板場の維持費もかかり、施設に投下したお金も回収できないとなれば潰れてしまうでしょう。

祇園は掛け売りなので、回収しそこねることがないよう、経済状況がいい顧客だけを厳選します。そのために「一見さんお断り」という会員制ビジネスとなっていますが、これはとくに関西の財界人にとってステータスになります。

お客の立場からすれば、お茶屋のなじみ客となることは、取引関係における安全性はもちろん、氏素性、マナーもきちんとしていると認められたことになる。（同書P75）

財界人の誰が信用できるか。調子がいいのは誰で、誰が落ち目か。調子が良さそうだったけれど、今後は取引をしてはいけない会社はどこか。その情報も持っているのがお茶屋の強みです。箱しか用意しない。ある種のネットワーク性が生きている。だからこそ、祇園という商売は三五〇年も続くのだとわかります。

◉「長生きする企業」の条件を知る――『百年続く企業の条件』

ビジネスパーソンにも役立ちますが、就活生であればとくに、長く続く会社がどういう条件を備えているかを見ておいたほうがいいでしょう。役に立つのはそのものズバリのタイトル、『百年続く企業の条件』（帝国データバンク史料館・産業調査部編、朝日新書、２００９）。長続きする会社がしっかりと網羅されています。

ここで、業歴が八〇〇年を超える「超」老舗をみてみよう。「超」老舗には、神社や寺院の建造を手がける宮大工と仏教関連の企業、そして旅館が多い。

世界最古の企業とされるのは、大阪の四天王寺に長く関わってきた金剛組だ。西暦五七八年（敏達天皇六年）に、聖徳太子に招かれて百済から日本にやってきた三人の工匠のうち、初代金剛重光が四天王寺の建造に携わったことを発祥とする。（同書Ｐ51）

京都市上京区の源田紙業の創業は七七一年（宝亀二年）。戦前までは水引を製造、現在は祝儀用品や紙製品を扱っています。「長い歴史を持つ企業は、医療や宗教などといった、人間の根元的な、生きることへの欲求に近いところにあるものが多い」（同書Ｐ55）と本書にあるように、これが絶対なくならないということの本質といえるでしょう。同書に挙げられている「長生きする企業」は以下のとおりです。

老舗企業の多い上位20業種

1　清酒製造　637
2　酒小売　514
3　呉服・服地小売　511
4　旅館・ホテル　467
5　婦人・子供服小売　425
6　貸事務所業　403
7　酒類卸　336
8　ガソリンスタンド　305
9　木材・竹材卸　266

（同書P56）

もちろん、イノベーションで生き残っている会社も紹介されています。たとえば山形県鶴岡市の伊藤鉄工。もとは鋳物の会社ですが、現在は空調機器用の特殊バルブなどを製造しています。最近、僕が見てきた愛知県の「ＭＡＲＵＷＡ」も、イノベーションで生き残っている会社です。江戸時代から続く陶芸家がルーツで、もとは瀬戸物をつくっていたのですが、六〇年代から電子機器用のセラミック製造に方向転換。エコカーなどに使われるセラミックの一種である窒化アルミニウム基板では世界シェアナンバーワンです。

しかし、これらはあくまでレアケース。普通は環境に適応できずに滅びていきます。特定の業界が生き残りやすいというのも、事実として押さえておくべきことです。

長生きする会社の条件を学べるもう一冊は、『**経営の教科書　社長が押さえておくべき30の基礎科目**』（新将命著、ダイヤモンド社、2009）。巨大グローバル企業ジョンソン・エンド・ジョンソン元社長の新将命さんが書いたこの本には、同社の「我が信条（クレド）」が紹介されています。そこには、「①お客さま（売上）、②取引先（売上原価）と来て、③従業員（販売費及び一般管理費）、④地域社会、国、環境（税金）、⑤株主」の順に大切にするよう書かれています。「損益計算書の上から順番に大事にすれば、会社はうまくいく」というのが以前からの僕の持論で、それは「①売上、②売上原価、③販売費及び一般管理費」の順になっています。やる気にさせる場合は順番が逆になりますが、ビジネスとして考えた場合、大事にするのはこの順番。この基本原理を理解し、厳守したからこそ、ジョンソン・エンド・ジョンソンは七〇年以上も増収増益なのでしょう。

◉ ライフデザインを考える——本多静六の「課外授業」

キャリアプランを考えるなら、同時にライフデザインも考えたいもの。その際はお金と働き方を交えて人生を俯瞰することをお薦めします。絶好の教科書となるのが『人生と財産——私の財産告白』（本多静六著、日本経営合理化協会出版局、2000）です。

本多静六といえば明治時代の大富豪。林学博士でもあり、日比谷公園や明治神宮をつくったことで知られています。彼の人生設計は、今読んでも実に素晴らしい。この本で紹介されている「第一次人生計画」は、ドイツ留学から帰国し、東京大学助教授となった二五歳のときにつくったものだといいます。

第一　満四十歳までの十五年間は、馬鹿と笑われようが、ケチと罵《ののし》られようが、一途に奮闘努力、勤倹貯蓄、もって一身一家の独立安定の基礎を築くこと。

第二　満四十歳より満六十歳までの二十年間は、専門（大学教授）の職務を通じてもっぱら学問のため、国家社会のために働き抜くこと。

第三　満六十歳以上の十年間は、国恩、世恩に報いるため、一切の名利を超越し、勤行布施のお礼奉公に努めること。

第四　幸い七十才以上に生き延びることができたら、居を山紫水明の温泉郷に卜《ぼく》し、晴耕雨読の晩年を楽しむこと。

第五　広く万巻の書を読み、遠く万里の道を往《い》くこと。

（同書Ｐ217）

享年八五歳と、当時としては珍しい長寿だった本多静六は、八〇歳近くになって人生計画を見直します。すこぶる健康であったことから、「いま、老人の名にかくれて、安楽怠惰な生活を一人でたのしんでいていいものだろうか」と奮起し、「新　人生計画」を立てたというから頼もしい。

満六才より二十才までの十五年間は、心身の教練時代として、もっぱら身体と知能の健全なる発育練成に努め、満二十一才より六十五才までの四十五年間は、身のため国のために働く。すなわち、国家社会目的に沿った科学的勤労道を決定して、人生の活動期として悔いるところなく、最も有効適切な勤労に励みながら、あらゆる面において老後の準備をする。満六十六才から八十五才までの二十年間は、お礼奉公時代として、まったく報酬や名誉を超越し、もっぱら過去の経験と日新の科学知識を生かして、社会国家のため全力を打ち込み、八十六才以上は晴耕雨読、働学併進の簡素生活を楽しみつつ、かたわら後進の相談や人生指南に当たるというのである。（同書P241）

さらに本多静六の著書は、節約本としても使えます。四〇歳にして当時のお金で一〇〇億円資産があったといわれ、さらに六〇歳でそのほとんどを寄付したのですから、見事なものです。その彼がどうやって金を貯めたかという秘密が伺い知れるエピソードがこれ。奥さんと買い物に出かけたときの一コマです。

ちょっと渋谷や青山通りへ出ても、お菓子屋から花屋である。花屋の次は洋品屋である。

「食べ物はもうたくさんですから、植木をみましょう」

と家内がうながす。ひと渡り眺めて、秋海棠《しゅうかいどう》（注・夏の末に落紅色に咲く花）の一鉢が気に入ったという。例により、

「欲しけりゃ買うさ」

と答える。そこは生憎《あいにく》と硝子越《がらすごし》でなく、店先の棚に並べてあったので、家内が手をのばせばすぐ持ち上げられる。

「オイオイ、買うは買っても、気分で買うのだぞ、それを持ち帰って枯らしてしまうより、この店に預けておけば水も忘れずやってくれるし、枯葉もいちいちのぞいてくれる。みたければいつでもここまで散歩に来ればいいじゃないか」

（同書P318）

この発想は、今でも充分応用できます。家でもなんでも欲しいものができたら、こういう考え方をすれば永遠にお金を使わなくてすむでしょう。

とことんシビアに〝今〟に即したキャリアプランを考えながら、人生については先人の知恵に学ぶ。こんな贅沢ができるのも本の醍醐味です。

鉄板と旬に注目！　ビジネスモデルのつくり方

ビジネスに閉塞感を感じたとき、一つの方法は「一番よさそうな業界・会社はどこかを考えること」。もう一つの方法は、「自分でいい業界・会社をつくってしまうこと」。

これまでは「儲かる飲食店のつくり方」「○○で起業する！」といった具体的手段に特化したビジネス書が多かったのですが、今の旬といえるのは、どんな業界だろうとどんな手段だろうと、応用が利くコンセプトを紹介した本です。

「これはすごい！」と僕が文句なしに太鼓判をおすビジネスモデルの〝三冊の鉄板〟と、〝今まさに旬の三冊〟を紹介しましょう。

また、ここでは特に紹介しませんが、『**フリー**』（クリス・アンダーソン著、日本放送出版協会、2009）、『**シェア**』（レイチェル・ボッツマン ルー・ロジャース著、日本放送出版協会、2010）は、ビジネスモデルの定番書としておさえておきたいものです。

◉ ビジネスモデルの「型」計23個を紹介した鉄板――『ザ・プロフィット』

ビジネスでも将棋でも、打った瞬間に狙いがわかる手はよろしくない。賢明な起業家なら、周囲が気づかぬうちに競争優位性を築き上げたいもの。そこで役立つのが、ビジネスモデル本の鉄板『ザ・プロフィット』（エイドリアン・スライウォツキー著、ダイヤモンド社、2002）。物語形式で計23のビジネスモデルの「型」を学べる、買って損なしの一冊です。

「製品ピラミッド利益モデル」は、他社が参入する気をなくすほど安い商品をフロントエンドに導入し、製品ピラミッドを構築して商品群全体で儲けるビジネスモデル。

「スイッチボード利益モデル」は、仲介者（エージェント）として大きなシェアを握り、相手が取引せざるを得ない状態をつくるビジネスモデル。

「インストール・ベース利益モデル」は、ハードウェアと消耗品をセットで売ることで、買い手をロックインし、消耗品を買わせ続けるビジネスモデル。

これらの「型」がマスターできれば、自分で起業する際や社内ベンチャーを立ち上げる際に役立ちます。そうでなくとも、他社のビジネスを概観したとき即座にビジネスモデルが見抜けるのは、ビジネスパーソンとして高評価。教養としてぜひ読んでおきましょう。

◉改めて学び直したい経営者の鉄板——『「事業計画書」のつくり方』

会社のビジネスモデルは、五～七年で陳腐化すると言われています。『「事業計画書」の**つくり方**』（原尚美著、日本実業出版社、2011）の読者には、事業計画書などつくったこともない人たち——ITバブルに乗って起業し、今行き詰まっている経営者も多いでしょう。「改めてちゃんとしたビジネスモデルを考えないと生き残れない」と考えた彼らは、誰にでも事業計画書のつくり方が理解できるこの本の手軽さに魅せられると思います。なにせ五一の質問に答え、フォーマットに当てはめるだけで事業計画書がつくれてしまうという優れモノなのです。

「簡単に理解できるけれど、使えない本」というのはたくさんありますが、実用性が非常に高いのもこの本の魅力です。著者の原さんは、女性スタッフ二〇名を擁する税理士事務所を経営。外資系企業から中小企業まで多岐にわたるクライアント企業とのビジネスを成功させてきた実力の持ち主です。困っている経営者だけに読ませておくのはもったいない。ビジネスパーソンが読んでも活用できるでしょう。

◉コモディティ化した商売を転換するための鉄板──『億万長者のビジネスプラン』

ありふれたビジネス、みんなが「もう儲からない」と思っているビジネスを刷新したいなら、ヒント満載の『億万長者のビジネスプラン』（ダン・S・ケネディ著、ダイヤモンド社、2009）を読んでおきましょう。原著"How to Make Millions with Your Ideas"はアメリカで一九九六年に出た古い本ですが、古びない学びがたくさん見つかります。

「こんななんでもないビジネスが、こんなに儲かるようになる！」という衝撃事例が数多く出てきます。たとえば、配管工事や冷暖房機器のサービスを扱うデマー社の例。一九八九年からの売上伸び率が三〇〇％に達し、九三年の『インク』誌で全米急成長ビジネスのベスト五〇〇に入った秘密は、たった三つでした。

（1）即日サービスの提供

修理サービスについて顧客にアンケート調査を行った結果、顧客の不満で最も多かったのは、修理人がすぐに来ないことだった。顧客は修理依頼の電話をして、「3日以内にうかがいます」なんて言われたくないのだ。約束の時間に遅れるのも顧客を怒らすことになる。こういった顧客の生の声をたくさん聞いて、デマー社では、完全即日サービスを提供することにした。

（2）年中無休、24時間割増し料金なし

「従業員に時間外労働をさせると人件費が高くつくが、その分は、顧客の信頼を得ることによって埋め合わせができる」これが、ラリーの考えだ。

（3）明確な料金設定

修理サービスについての顧客の不満の第2位は、修理が終わってはじめて、高額な修理費を告げられ、請求されることだった。これについて、デマー社では抜本的な改善を行った。業界の一般的な修理費の算出方法は、修理にかかった時間に対する人件費に、部品費と出張費を合算する。しかし、デマー社は〝定額料金〟を設定したのだ。

（同書P34）

ネーミングを変えて売り出したり、キャラクターの力を使ったり「あたりまえのことでも、やれば効果が出るコロンブスの卵的アイデア」も紹介されています。

◉ 旬のビジネスモデルを学ぶ①――『ビジネスモデル・ジェネレーション』

以上の〝鉄板の三冊〟でビジネスモデルのつくり方を学んだら、旬のビジネスモデルも知っておきましょう。たとえ自分には無縁と思われる業種であっても必ず学びがあります。「見たこともない」と感じたら、読んでおいて損はありません。

横長の大判。三〇〇ページ近い厚さ。定価も高い。それでも絶対に買って損なしの本は、**『ビジネスモデル・ジェネレーション』**（アレックス・オスターワルダー イヴ・ピニュール著、翔泳社、2012）。アメリカで発売されたのは二〇一〇年ですが、いまだ売れ続けています。日本で今買っているのは、ある程度レベルの高い三〇代、四〇代ですが、今後もっと読まれるようになるでしょう。この本の共著者は「四五カ国の四七〇人の実践者」。その一人であるティム・クラークさんは、筑波大学国際経営コースの教授です。この本には、実例から導きだされた定義はもちろんのこと、「どうやってビジネスモデルをつくるか」という思考の枠組みが、ヴィジュアルをふんだんに使いながら実践的に書かれています。

ビジネスモデルを、「顧客セグメント」「価値提案」「顧客との関係」「チャネル」「収益の流れ」「主要活動」「リソース」「パートナー」「コスト構造」という九つの要素に分解して、一枚のシートで可視化できるので、その会社がなぜ儲かっているのか、何を欠いたら危ないのか、ポイントがすんなり理解できます。このシートを使ってプライベートバンクやグーグル、スカイプのビジネスモデルを分析しており、さまざまなビジネスモデルのパターンとその構成要素を短時間で学ぶことができるでしょう。オビには野中郁次郎教授と、神田昌典さんの推薦があり、今、もっとも注目されている経営ツールといえます。

◉ 旬のビジネスモデルを学ぶ②――『「格安航空会社」の企業経営テクニック』

最新ビジネスモデル本で、特に画期的で刺激になるのが『「格安航空会社」の企業経営テクニック』（赤井奉久、田島由紀子著、TAC出版、2012）です。書店では埋もれてしまいそうな地味な本ですが、間違いなく旬。「買いの一冊」といっていいでしょう。著者は航空経営研究所の研究所長と主席研究員。なかなかにマニアックです。

この本は、話題のローコストキャリア（LCC：Low-Cost Carrier）を知るために読むこともできますが、「徹底した合理化によって、いったい何が起こるか？」と新たなビジネスモデルを考えるヒントにすることもできます。二〇一二年三月に就航を開始した日本生まれのＬＣＣピーチが発表した「大阪－福岡片道運賃三七八〇円」という驚異の価格が話題を集めています。ＬＣＣの価格がここまで下がれば、これまで長距離バスで移動していた人々が飛行機に移行し、マーケットを広げることも可能となるでしょう。

この本を読めば、ＬＣＣのコストダウンの秘密は「機内サービスを廃止する」といった些末なことではなく、もっと抜本的な改革によるものだとわかります。すべて従来型の航空会社ＦＳＡ（Full Service Airline）と比較されているので実に明快です。

ＬＣＣの戦略にはいくつかありますが、「すべての面で単一化と単純化を図ること」はいろいろなビジネスに応用できます。

ご存じない方もいるかもしれませんが、旅客機のパイロットのライセンス（免許）は１機種ごとに必要となります。たとえばボーイング社の７４７のライセンスをもっているからといって、７３７を操縦することはできないのです。つまり、数多くの機種をもつＦＳＡでは、それぞれの機種のライセンスをもったパイロットを抱えなければなりません。しかし単一化を図っているＬＣＣでは、どのパイロットも、自社の旅客

機すべてを操縦できるわけです。（同書P76）

機種をひとつにすれば、パイロットのみならず機材の整備係も、さまざまな機種に対応する人材を集めずにすみます。同じことを繰り返せば熟練してミスも出なくなるので、一石二鳥。人件費の大幅カットも実現します。同書によるとFSAは一機あたり百数十人のスタッフに支えられて運航されているそうですが、LCCはわずか三〇～五〇人とのこと。

この差は、個人の労働意欲やがんばりの差というより、ビジネスモデルの差というべきでしょう。すなわち、大型機や長距離路線をもたず、人的サービスは極限までそぎ落とし、旅客自身でできることは、極力サービスとして提供せず、単一の機種・客室仕様で単純化した作業を能率よくこなすことに特化したからこそ可能になったものといえます。

ここには、合理的に安くするにはどうすればいいかの追求があります。利用者が多く、安くすることでマーケットが拡大する業界には適用しやすいビジネスモデルでしょう。

さらに「振り子現象」を思い出し、この本を思考の触媒として「格安が流行るなら、思い切りラグジュアリーなサービスは何だろう？」と考えることもできます。新幹線はやぶさのグランクラスは大評判で、僕もさっそく利用しました。駅で「はやぶさ弁当」を買って意気揚々と乗り込んだあとで、「二〇〇〇円はするな」と思う弁当がついていることを知った瞬間は衝撃でしたが……。シートは快適だし、接客はホスピタリティがあるし、「これは十分、プラス一万円を払う価値はある」と思いました。短い距離なら不要ですが、長距離移動が快適になると、仕事ができたり、ゆっくり休めたり、付加価値が生まれます。「寝ていたい」と思う人が多いなら、体にも脳にもいいすばらしい睡眠環境をつくり出す。移動中にエステができるようにする。さまざまな画期的ビジネスがつくれる気がしてきます。

こうしてアイデアがわいてきたところで『**ブランド帝国LVMHを創った男　ベルナール・アルノー、語る**』（聞き手イヴ・メサロヴィッチ、日経BP社、2003）を『「格安航空会社」の企業経営テクニック』と読み比べてみるのもお薦めです。ルイ・ヴィトンもクリスチャン・ディオールもロエベもセリーヌもフェンディも傘下に収める巨大ブランド企業と、格安航空会社ピーチという両極端のビジネスモデルから、新たな見解が得られるかもしれません。

◉ 旬のビジネスモデルを学ぶ③――『日本にいながら中国ビジネスで儲ける法』

閉塞感を感じても、視点を変えればまだまだチャンスは埋もれています。閉塞している一因は、日本のなかだけで考えているからかもしれません。

いよいよ行き詰まったホワイトカラーの活路は、海の向こうという可能性もあります。製造基盤を海外に移転する企業も増えるので、海外でものづくりを教えるのもいい。とくに東アジアでは、日本というブランドはまだまだ通用します。

日本は途上国に対して貨幣価値という面で比較優位性を持っているのですから、投資を考えるのも一策でしょう。証券会社経由で投資をするのではなく、ビジネスに投資するということです。貯金が二〇〇〇万円あったら店が出せる国はいくつもあります。

僕がもし今二〇代で家族もいなかったら、間違いなく中国に行きます。仕事がなくても住んでしまえば、言葉も地理関係もそれなりにわかるようになります。生活費もさしてかからず、無職でも一年は暮らせそうです。そうして現地採用で吉野家のような店で働いて、店長になって店を成功させる。実績が出て本部に食い込めるようになったら、「中国進出にあたってどこに店をつくればいいか」という店舗開発のアドバイスをする。こうした人材はなかなかいないので重宝されます。うまくいけば独立してコンサルタントになり、他のファーストフードチェーンの海外進出のアドバイスを一手に手がけられるかもしれません。サムスンには実際にこれと似た「地域専門家制度」というものがあり、希望する国や地域で一年間、業務から完全に離れて生活するそうです。まさに「マーケットの心を知る」ための努力をしているわけです。

「同じことを別の場所でやれば儲かる」という話をすると、必ず出るのが「中国で美容師をやる」。現地では日本人美容師に髪を切ってもらうことがステータスで、月収五〇万円は当たり前だといいます。現地のブルーカラーの最低賃金が一一二〇元（約一万四〇〇〇円、二〇一〇年現在）、エネルギー関係の給料が最も高くて六〇〇〇元（約七万六〇〇〇円）。月収五〇万円は高給取りの約六・五倍ということだから、月収四〇〇万円くらいの感覚かもしれません。事実、アジアでの就職を支援するサイトを見たところ、日本人美容師一二万元、中国人美容師二〇〇〇元という募集がありました。美容師の方で、中国語が多少できれば、現地の貨幣価値で年収1億円の生活も夢ではないのかもしれません。

日本にいながら、観光ビジネスで中国人・韓国人を相手にすることも考えられます。前述したとおり、日本の観光産業はまだまだ発展途上。海外へ行って、「セレブリティが泊まる宿」といった本の日本の欄を見たら、推薦されているのは星野リゾートが経営する星のや（京都）だけでした。外国人向けのPRがうまくなれば、顧客を海の向こうから呼び寄せられるすばらしい旅館やホテルはもっとあるはずです。グローバリゼーションに対応して、日本カルチャーを売るビジネスモデルをもっと意識してもいいのではないでしょうか。

『日本にいながら中国ビジネスで儲ける法』（陳海騰著、日本経営合理化協会出版局、２０１１）は、中国向け通販をやろうという話ですが、〝身近な海の向こう〟に目を開くきっかけとなるすごい本です。中国での検索シェアの八〇％以上を握っているというナンバーワン検索エンジン企業、百度《バイドゥ》の日本駐在主席代表なので、実用的な話が満載です。九八〇〇円と高額ですが、それだけの価値はあります。

中国語でインターネットが使えるようにする方法や、銀聯カードへの対応、ネット決済のアリペイ、ペイパルの話などなど。必要なことはほぼ網羅されているので、中国進出を手掛けるコンサルタントに高額な報酬を払うと思えば安いものです。メーカーや小売、飲食、物販、観光関連などのビジネスを手掛ける人には、もはや必読といっていい、今が旬のビジネス書といえます。

さらに深く知りたい方は、五万円とさらに高額ですが、カリスマ通販コンサルタント白川博司さんが書いた**『中国通販成功マニュアル』**（日本経営合理化協会出版局、２０１２）がおすすめです。こちらはさらに圧倒される、質と量を誇る一冊です。

「思考力」こそ、これからのビジネスパーソンの武器

現在のビジネスパーソンのおもなポジションと、これからのキャリアの選択、ビジネスモデルを提示したところで、いよいよ自分自身の力を強化するための本を紹介しましょう。

キャリアや働きかたを考えるときは、現実を学ぶことが重要です。ビジネス書は成果につながってこそ価値があるものなのに、時代の変遷とともに成果につながらない本が増えすぎました。もう、マニアのためのエンタメビジネス書を読むのはやめにしましょう。

時代のなかで人気を博したビジネス書は、確かに読みやすかった。わかりやすかった。おもしろかった。でも、ただそれだけです。

「こうありたい」という願望を描いただけの自己啓発書、昔儲けた人の自慢話、形骸化したコンサルタントのフレームワーク本。今までは読んでいて希望をもてたかもしれませんが、もはや意味をなしません。そろそろ現実を学ぶことにしましょう。ファンタジーを捨てて、リアルワールドに出ていくのです。

これからは、読みやすくて薄い本を何冊も読むより、多少高くて分厚くても本格的な〝王道本〟を一冊じっくり読むほうが価値があります。一気に読み終えることはできないかもしれませんが、読みながら思考できるし、本質を学べます。いっそのこと、外国の学者の本を原書で読んでしまったほうがいいくらいだと思ってください。

方法論はもういりません。人のやり方を借りて行動する前に、まず自分の頭で考えましょう。思考力をつけるには、自分のベースとなる材料が必要です。まずは僕が今、最も重要だと考えている三要素、「歴史、哲学、サイエンス」の必読書を紹介します。

◉ 自分のベースを創る材料①――歴史

偉い人はたいてい「教養として歴史を勉強すべきだ」と言いますが、歴史もファンタジー要素があります。「織田信長はこうだった」という人には、「本当ですか？　あなた、その場にいなかったでしょう」と内心で突っ込みを入れています。

僕自身、歴史が好きです。とくに留学していたので古代ギリシャが好きでなにかと贔屓《ひいき》をしますが、「本当に古代ギリシャがいい国だったかはわからない」という醒《さ》めた部分ももっています。歴史には相当に勝者のバイアスがかかり、都合良く解釈されていると思っているのです。

それでも、変化を学ぶための最良のテキストはやはり歴史。なぜなら、今の社会のベースとなっている資本主義という考え方自体、誰かがつくったものです。人がつくった思想に僕たちは動かされています。

誰が思想をつくって変化を起こしているのか？　どんな思想に人々は動かされるのか？それを知るための“完璧ではないけれど唯一の手がかり”それが歴史です。歴史の転換点に何が起こったかを知っておくことは、これからの変化の時代、どう生きるかを考える重要なベースとなります。

そこでイチオシなのが、『**世界史（上）（下）**』（ウィリアム・H・マクニール著、中公文庫、2001）。この本の面白さは、覇権を握った勢力がどうやって世界を動かしたか、その変遷を綴っているところにあります。世界中で四〇年以上読み継がれているというオックスフォード大学出版局のロングセラーだけあって読み応えは満点。僕たちは今後、どんな変化を起こすべきなのか、抽象的ではありますがヒントが浮かび上がってきます。

上巻はおもに社会発展のためのしくみや制度について、下巻は経済発展の歴史を学ぶことができます。『世界史』を読んだうえで、本書のビジネス書の変遷を再読しても面白いと思います。

もう一冊押さえておきたいのは、歴史書であり人類史でもある『銃・病原菌・鉄（上）（下）』（ジャレド・ダイアモンド著、草思社文庫、2012）。

どんな学問も、最初は一つの疑問からスタートするものですが、この本の場合、スタートとなったのは、ニューギニア人ヤリが著者に投げかけた、こんな疑問でした。

「あなたがた白人は、たくさんのものを発達させてニューギニアに持ち込んだが、私たちニューギニア人には自分たちのものといえるものがほとんどない。それはなぜだろうか？」

『銃・病原菌・鉄』は、この素朴な質問をきっかけに、ミステリータッチで世界の地域間格差の「謎」に迫っていく、知的刺激あふれる一冊です。スペイン軍を率いるピサロは、わずか六〇人の騎兵と一〇六人の歩兵で八万の兵士を率いる皇帝アタワルパを屈服させ、インカ帝国を征服したわけですが、その原因を著者はこう分析しています。

「ピサロを成功に導いた直接の原因は、銃器・鉄製の武器、そして騎馬などにもとづく軍事技術、ユーラシアの風土病・伝染病に対する免疫、ヨーロッパの航海技術、ヨ

ーロッパ国家の集権的な政治機構、そして文字を持っていたことである」（同書P119）

この分析にあるとおり、西欧文明の優位性は、タイトルとなっている「銃・病原菌・鉄」がもたらしたものですが、それらが生まれたのは、まったくの偶然でした。そう、われわれ人類の競争優位性や富の不均衡は、偶然の環境によってもたらされたのです。

競争優位性を考えるとき、参考になるのは、東日本大震災以降、話題となっている『**失敗の本質　日本軍の組織論的研究**』（戸部良一 寺本義也 鎌田伸一 杉之尾孝生 村井友秀 野中郁次郎共著、ダイヤモンド社、1984）です。日本軍の失敗の原因を徹底分析した戦略・組織論の名著で、約三〇年売れ続けているロングセラーです。最近は、ビジネスマン向けに最新のビジネス事例を盛り込んだ入門書『**「超」入門　失敗の本質　日本軍と現代日本に共通する23の組織的ジレンマ**』（鈴木博毅著、ダイヤモンド社、2012）が出ていますから、こちらも参考にすると良いでしょう。この本で指摘されているのは、日本人が得意とする「練磨」の思想が、転換点において敗れる原因になるということ。元本では、「猛訓練による兵員の練度の極限までの追求は、必勝の信念という精神主義とあいまって軍事技術の軽視につながった」「ときとして戦闘における小手先の器用さが、戦術、戦略上の失敗を表出させずにすましてしまうこともあった」と書かれています。つまり、日本人は若い頃から柔道や剣道など、日本の伝統を通じて「練磨」することを学ぶ。それは、決まったビジネスモデルのなかで「質」を求める競争では有利だが、転換点においてルールが変わったときには脆い。『「超」入門　失敗の本質』のなかには、たびたび「戦略とは追いかける指標のことである」という言葉が出てきますが、これは所与の環境や資源といった制約を乗り越え、勝利するうえで極めて重要な概念です。これができなかったがために、日本は死者三〇〇万人という悲劇を味わったのですから。

日本軍は戦局を変える新技術を継続的に開発することができず、零戦が劣勢になったのちも、軽量であることにこだわりました。

（同書P86）

指標が間違っていれば、どんなに優れた機械も、鍛え上げられた人間も、勝つことはできない。二度と悲劇を繰り返さないために、歴史書は、ぜひ読んでおきたいものです。

◉ 自分のベースを創る材料②――哲学

先生ブームとして『これからの「正義」の話をしよう』を紹介しましたが、なぜ哲学を学ぶか？　それは「あるべき姿」を考えることが次のビジネスにつながるからです。哲学書を読んで考える力を養い、人々がこれまでどういう思索をしてきたかの軌跡をたどりましょう。同著者が市場主義の限界を論じた最新刊『**それをお金で買いますか**』（マイケル・サンデル著、早川書房、２０１２）も、理想の社会を考えるうえでヒントとなる本です。

一九九五年にベストセラーになった『**ソフィーの世界**』（ヨースタイン・ゴルデル著、日本放送出版協会、１９９５）は、いってみれば哲学ファンタジー。読みやすいとはいいませんが、間違いなく読み継がれていく良書だと思います。

今、僕が勝手に旬だと思っている哲学書は、『**セネカ哲学全集〈５〉倫理書簡集Ⅰ**』（岩波書店、２００５）。ローマの哲人ルキウス・アンナエウス・セネカは紀元前一世紀頃に生まれた人ですが、「潔さ」に振り子が振れた時代、考える材料がたくさんある名著中の名著です。セネカの本はいくつかありますが、これはセネカが晩年に記したとされる書簡集。哲学書としてだけでなく、人生訓としてもとても優れた内容と言えます。引退後、隠遁生活を送っていたセネカが、ネローに強いられる形で自殺するまでの三年間に感じたこと、考えたことをまとめた稀少な内容となっています。

限りある人生の時間とどう向き合えばいいのか。どうやって規律ある生活を実現すればいいのか。どうすれば人は不安や恐怖から逃れ、心の自由を獲得できるのか。

この本には「貧乏が真実の友人」という話があります。お金が去っても、友達が去っても、貧乏だけはあなたの隣にいる。最後まで残る友達は貧乏しかないと。貧乏は、すべてをくれます。希望もエネルギーも、なにもないところから生まれてきます。「豊かになっても貧乏でいられる人は、本当の意味で豊かな人だ」とセネカは言っていますが、今こそそういう思想をもつべきではないでしょうか。豊かさを追い求めて行き詰まったら、貧乏というものをもうちょっと肯定してもいいと僕は考えています。

経営の哲学について学ぶなら、サントリー、キッコーマン、ホンダ、ファーストリテイリング、ヤマト運輸など、現在の日本を代表する企業の経営者が、どんな哲学を持って事業を興したか、その本質に迫った**『経営は哲学なり』**（野中郁次郎編集、ナカニシヤ出版、２０１２）がおすすめです。

◉ 自分のベースを創る材料③——サイエンス

ビジネスパーソンは理を知っておくことが大切です。理を直接知ることは難しいので、実験した結果を見るしかありません。そこで重要なのがサイエンス本。学者が書いている研究書を読んでおきましょう。

実験結果がたっぷりで面白い科学書は、『選択の科学』（シーナ・アイエンガー著、文藝春秋、2010）。「いかにもサイエンス！」という話からビジネスが見えてきます。

ある実験では、ラットを迷路に入れて、まっすぐな経路と、枝分かれした経路のどちらを選ぶか、見てみた。まっすぐな経路と枝分かれした経路のどちらを選んでも、最終的にたどり着くエサの量は同じだったため、どちらかがもう一方より有利ということはなかった。それでも複数回の試行で、ほぼすべてのラットが、枝分かれした経路を選んだ。同様に、ボタンを押すとエサが出ることを学習したハトやサルも、複数のボタンのついた装置を選んだ。ボタンが一つでも二つでも、得られるエサの量は変わらなかったのにもかかわらずだ。（同書P27）

ラットを使ったこの実験から、「生物は選択肢が多いほうを好む」とわかります。「カーテン屋は九割の白のために全色を揃える」という有名な話があります。実際に売れるカーテンの九割は白らしいのですが、全部が白だと購買に結びつかない。そこでお店は、バリエーションがある選択肢を見せて買ってもらうために残りの色をそろえているというのです。『選択の科学』には、このカーテン屋のセオリーを裏づける話が紹介されています。調査で、「自分はほかの人よりユニークで、ユニークなものに対する許容度が高い」と自己評価した人たちが、「ややユニークな選択肢に高めの評価を与える一方で、極端に変わったものには否定的な反応を見せた」のです。商売では、お客の主張を真に受けないほうがいい場合もあるのです。

また、もう一つ選択に関して、重要な点を、同書から紹介しましょう。ジャムを試食させた実験の話です。

「六種類の試食に立ち寄った客のうち、ジャムを購入したのは三〇%だったが、二四種類の試食の場合、実際にジャムを購入したのは、試食客のわずか三%だったのだ。

大きな品揃えの方が、買い物客の注目を集めた。それなのに、実際にジャムを購入した客の人数は、小さな品揃えの方が六倍以上も多かったのである」（同書P230）

選択肢は、多すぎても少なすぎても売れないことがあるのです。この辺の事実は、経験と実験からつかんでいくしかないでしょう。

もう一冊、ビジネス書として売られているだけあって興味を持ちやすい本を紹介しましょう。『**錯覚の科学**』（クリストファー・チャブリス　ダニエル・シモンズ著、文藝春秋、2011）。タイトルどおり、人間がどのように錯覚を起こすのかが書かれています。著者は、チェス王者の認知メカニズムを研究している心理学者のクリストファー・チャブリスと、同じく心理学者のダニエル・シモンズ。二人の業績として目覚ましいのは、本文中にも登場する「見えないゴリラ」の実験です。

この実験は、被験者にバスケットボールの試合のビデオを観せ、白シャツの選手のパスの回数を数えるよう指示します（黒シャツは無視するよう頼んだ）。そのビデオにはゴリラの着ぐるみを着た女子学生が映っているのですが、パスを数えることに夢中になった被験者のおよそ半数はゴリラに気づかない。ゴリラの登場時間は九秒。カメラに向かって胸を叩くシーンもあったのに、です。

実験でわかったのは、人は目の前にあるすべての情報を認識できるわけではない、ということ。しかもたちが悪いことに、人は時折、見ていなかったことまで見たこととして、認識・証言することがあるのです。この本には「錯覚」の事例がいくつも登場し、人間の認識の限界を知らしめてくれます。どうすれば相手に正しく情報を伝えられるのか、ヒューマンエラーをなくすにはどうすればいいのか、ヒントとなり得る一冊です。

これもビジネスに役立つサイエンス本といえるのが、『**失敗百選　41の原因から未来の失敗を予測する**』（中尾政之著、森北出版、2005）。エンジニアリングのあらゆる失敗を、四一の原因に集約したものです。タイタニック号沈没から美浜原発事故、JRの脱線事故まで、ありとあらゆる事故の原因が図解で解説されています。世界を震撼させた同時多発テロの「世界貿易センタービル崩壊」を例にとると、これは「脆弱構造」と呼ばれるものが原因。脆弱構造とは、「1本の『心棒』を抜いたら全部がパタパタと崩壊するような構造」（同書P215）のことです。旅客機が突っ込んだだけでビルがあっけなく崩壊し、二七五二名が死亡しました。ほかにも、失敗の原因として「だまし運転」や「天災避難」「衝撃」など、最近の悲劇を連想させる原因がいくつか挙げられています（「天災避難」の項には、明治の三陸大津波の例が挙げられている)。

また、機械には「失敗の三兄弟」というものがあるらしく、それは「疲労」「腐食」「摩耗」です。これらは「いずれも完成直後には生じない。何年も動かした頃にやってきて、本体をコロリと倒す」そうです。メンテナンスが大事なゆえんです。

この本が出された二〇〇五年から現在にいたるまでの間にも、東日本大震災に伴う原発事故や、渋谷温泉施設爆発事故などの悲劇が起こっています。ビジネスにはいろんな責任が伴いますが、最重要事項はお客さまや従業員の安全を守ること。同じ悲劇を繰り返さないためにも、ぜひ読んでおきたい一冊です。

認知心理学者のD・A・ノーマンによる『**誰のためのデザイン? 認知科学者のデザイン原論**』(新曜社認知科学選書、1990)は、デザインによって使い勝手を良くするという話です。

「答えはデザインが与えるべきもので、説明の文字とか記号は必要なく、また試行錯誤の必要もあってはならない」(同書P4)

押して開くのに、引いて開くように見えるドア。どのつまみを捻ればどの点火口に火がつくのかわからないコンロ。このように〝無意識に使えないデザイン〟がいかに問題かが、図入りで説明されています。説明書きを入れるというのは最悪のデザイン。ノーマンによれば、デザインの最も重要な原則の一つは「可視性」であり、「操作するときに重要な部分は、目に見えなくてはならない。それは適切なメッセージを伝えなくてはならない」。認知心理学といってぴんとこなくても、「iPhoneが何となく使えちゃうのは、認知心理学に基づいているから」と知れば、「商品開発をするなら読んでおかなければいけない本だ」と納得できるでしょう。ノーマンの本であれば**『複雑さと共に暮らす　デザインの挑戦』**（新曜社、2011）も併せて読みたい一冊。

「我々は簡単さを望むのだが、素晴らしい機能のどれ一つも失いたくはないのだ」

（同書P63）

だから、わかりやすくするために機能を減らしてはいけない。著者によれば、「良いデザインによって複雑さを扱いやすくすることができる。複雑さは必要であるから、複雑さを減らすことによってではなく、複雑さを管理することによって扱いやすくなるのだ」（同書P4）。ここで紹介されているシンプルだけれどわかりにくいスイッチの例や、ストック用として並べておいたのに、均等に減ってしまうトイレットペーパーの例を見れば、デザインを学ぶことの大事さがよくわかるはず（人間は2つのトイレットペーパーが並んでいた場合、『常に大きい方を選ぶ』（同書P93））。ちなみに、先日訪れた某ホテルでは、まんまとこの「残念な」トイレットペーパーホルダーが置いてあり、「お客さまへ　右側からお使い下さい」という「説明書き」が付されていました。

おそらくノーマンは、このホテルは使わないか、取材対象にすることでしょう。ますます複雑化する時代、扱いやすいデザインは、競争優位性につながるはずです。

復習すべき「ビジネスパーソンの五教科」

自分の思考をつくったら、知恵をつけ、実践する段階に入ります。実務に役立つ〝武器〟になりうる、ビジネス書らしいビジネス書を読みましょう。

こう言うと「思考が大事といっても、やはりテクニックも必要なんじゃないか」と感じるかもしれませんが、ただ読むのではないところがポイントです。ここでは、自分の視点をもって考えるという新しい学び方を解説します。これまで語り尽くされたテーマを含めて、「これから必須のビジネスパーソンの五教科」と定義し、学び方を紹介します。

それぞれ読むべき本も挙げていくので、必要に応じて復習してください。

◉復習すべき教科①——数字センスを磨いて、経済を読み解く

これからのビジネスパーソンに、絶対必要な基礎科目は数字の読み方です。

これまでのビジネスパーソンにも、もちろん数字は必要でした。しかし「そういうのは専門の人に任せる」あるいは「よくわからないからそっとしておく」と手つかずにしていた人が多かったのも事実です。

経済であれ実務的な数字であれ、圧倒的に「数字の勉強」が足りていないビジネスパーソンが多いというのが僕の見解。ビジネスにおいて数字は非常に重要です。景気動向も儲かるビジネスモデルも、数字の読み方がわかれば見えてきます。

「会社員だから決算書の読み方がわからなくても大丈夫」とたかをくくっている人は、業種を問わず、本気で勉強し直したほうがいいでしょう。それと、一冊でいいので、自分の職務に求められる数字の勉強をすること。すでにマスターしている人は読み飛ばしていただいて結構ですが、ちょっとさぼっていたという人は復習をお薦めします。

アマゾンのバイヤー時代、僕が読んでとても勉強になった本は、『**適正在庫の考え方・求め方**』（勝呂隆男著、日刊工業新聞社、２００３）。バッファとして在庫をどれくらい持てばいいのか、適正在庫を実現するための数式と発注のポイントなど、まさに実務に必要な考え方が書かれています。マーケティング理論といった〝文系の勉強〟も大切ですが、〝数字という理系の基礎〟を勉強すると、ずいぶん違うものだと実感しました。バイヤーの仕事には、トレンドを察知し、「今売れるもの」を押さえるセンスが重要です。しかし、実務になると「いくつ買うか」が重要になる。本当に優秀なバイヤーになりたければ、まず在庫の考え方を学んで注文の仕方を覚える。きちんと学べば、自分なりの〝必勝の公式〟をつくることも可能です。

僕の経験からここではあえて〝バイヤー〟と書いていますが、この本を読めば「在庫管理によってキャッシュを死なせない方法」が見えてくるので、営業の人にも役立ちます。否、会社の利益を考えねばならない全員が学んでおくべき要素です。ビジネスで大事なのは「キャッシュ」と「利益」ですから、大事なのは、資金がどれくらい効率的に回るか、いくら売るか（売上）、いくら仕入れるか（売上原価）。これらを数字で言えない人は、ビジネスパーソン失格です。

もう一冊、初心者におすすめなのは、『**世界一わかりやすい在庫削減の授業**』（若井吉樹著、サンマーク出版、2009）。ヤマヅミ商事の貝杉社長とコンサルタントのやり取りを読みながら、楽しく在庫削減の「ツボ」と「手順」が学べます。本の流れに従って在庫削減を進めていけば、本当に在庫削減が実現できてしまうので、実践的です。

グローバル社会の動きを知るためにニュースを見ることは大切ですが、とくに経済情報はビジネスと密接に絡んできます。なかでも為替は重要だと僕はみています。

自国の人件費が高騰した日本は低コストを求めました。まず中国に行き、次は中国より安いベトナムに行き、コスト削減を求めて生産拠点を海外に移した結果、国内の雇用が減ってしまったのです。日本が競争優位性を持てないのも、円高という為替の問題です。いろいろな国が、為替で生じた格差を利用して儲けるというビジネスモデルをつくっています。メーカーはもはや金融業といってもいいでしょう。

『ハーバードの「世界を動かす授業」』（リチャード・ヴィートー 仲條亮子 共著、徳間書店、2010）は、この観点からいって必読書。世界の一流企業から、エグゼクティブだけが集められるハーバード・ビジネス・スクールAMP（上級マネジメントプログラム）の看板教授も、やはり為替を注視しているのです。ちなみに、この本は、かつての日本が国家としての明確な戦略とプランをもっていたことも教えてくれます。再び日本が浮上するために、ぜひ政治家およびビジネスリーダーに読んでいただきたい一冊です。

僕は、著者のリチャード・ヴィートーさんにインタビューしたとき、彼が取り組んでいるアフリカの研究について伺いました。為替の問題で人件費が安いアフリカは、各国、特にヨーロッパにとって魅力的な生産拠点です。しかし、南アフリカなどはとても労働組合が強い。組合が労働者の権利を主張しすぎると人件費が高騰し、国としての競争力が落ちる。そうなれば失業者が増加し、連鎖的にマイナス要因が増えます。そうしたことをリサーチするというヴィートーさんの話を聞いていて、「潮目は為替や賃金の動きとも連動するんだな」という印象をいっそう強くしました。

為替について読みやすく書かれているのは『弱い日本の強い円』（佐々木融著、日経プレミアシリーズ、２０１１）。そもそも為替には、謎が多い。リーマン・ショックのときは米ドルが買い戻され、東日本大震災の時は円高になった理由を、いまだにわからない人は多いはずです。本書は、日本銀行調査統計局、国際局為替課、ニューヨーク事務所などを経て、現在ＪＰモルガン・チェース銀行でマネジングディレクター／債券為替調査部長を務める著者が、「為替相場の正体」を明かした書。著者によれば「円という通貨は、投資家のリスク回避志向が高まり、世界的に株価が下落するような時には最も強い通貨となる一方、投資家のリスク選好度が高まり、世界的に株価が上昇するような時には最も弱い通貨となる」。その理屈はこうです。

「もし、世界中のすべての企業や投資家が、自分が保有する資産の１％を対外投資に振り向けたら、どの通貨が売られるであろうか？　答えは簡単である。それはお金を持っている投資家や企業が多くいる国の通貨である（中略）そして投資資金を多く持っている国は米国と日本。つまり、世界の投資家や企業が積極的にリスクを取って対外投資を活発化させるような状況で最も売られるのは、米ドルと円になるのである。だから世界景気が上向きな時は米ドルと円が弱くなるのだ」（同書P39）

為替については、多くの本が出ており、議論もあるようですので、本書だけでなく、ぜひいろんな本を読み比べてみてください。そして実際と比べてみてください。結局、どんなに理屈をこねようと、ビジネスマンにとって重要なのは「現実」だけなのですから。

為替にかぎらず、ビジネスマンにとっては「マクロの経済指標」を読み解く力が大事。そういう意味では、**『ビジネスマンのための「数字力」養成講座』**（小宮一慶著、ディスカヴァー、2008）がお薦めです。数字がわかり、日経新聞を読むのが楽しくなる一冊です。

数字センスについてさらに挙げれば、ビジネスマンにとって、最重要課題は会計を学ぶこと。なかでも経営者目線で会計の本質を押さえられる名著**『稲盛和夫の実学』**（稲盛和夫著、日経ビジネス人文庫、2000）は必読です。もともと技術者だった著者が経理部長とのやりとりのなかで、真に経営に貢献する会計とは何かを模索していきます。売上よりも大切なのは、利益とキャッシュフロー。会計を学びながらビジネスセンスまで身につく、素晴らしい一冊です。

会計には、株主や債権者、徴税当局のために行う「財務会計」と、経営者が意思決定するための「管理会計」がありますが、経営人材になるために必要なのは管理会計のほう。これから管理会計を学ぶという人なら、『**餃子屋と高級フレンチでは、どちらが儲かるか？**』（林總著、ダイヤモンド社、２００６）がおすすめです。父親が急逝し、遺言により社長になってしまった主人公の由紀が、会計のプロである安曇の指導を受けながら会社の窮状を救い、最後は粉飾決算を見抜くまでに成長する、というストーリー。大トロとコハダを比較し、キャッシュフローの観点から大トロが儲からない理由を説いたり、損益分岐点分析の視点から餃子屋と高級フレンチを比較したり、じつに興味深い切り口で、管理会計の要諦に迫っています。資金繰りのヒントや、危ない決算書を見抜く方法、黒字決算を赤字にする方法など、実際に使えそうなテクニックが公開されており、じつに読み応えのあるエンターテイメント性あふれる教科書です。もうひとつ会計に関して押さえておくとしたら、財務分析に関する本でしょう。企業の実力は、「業界平均」や「他社」「過去」と比べることで明らかになります。この手法を書いた入門書としては、『**財務3表一体分析法「経営」がわかる決算書の読み方**』（國貞克則著、朝日新書、2009）、『「**1秒!」で財務諸表を読む方法**』（小宮一慶著、東洋経済新報社、2008）、定番書としては『**財務諸表分析〈第5版〉**』（桜井久勝著、中央経済社、2012）を押さえておけばOKです。

◉ 復習すべき教科②――アイデア発想法で頭を存分に動かす

アイデア発想法も、どんな業種だろうとどんな部署だろうと、会社勤めだろうと経営者だろうと、万人に必要です。復習するというより〝習慣〟にすることをおすすめします。新たな発想がなければ潮目の変化についていけないし、なによりクリエイティブに働くことができません。読んで勉強するというより、〝自分の頭を自由に動かすきっかけづくり〟としてください。もちろん、実務に役立ちます。

とくにお薦めは、『**アイデア・バイブル**』（マイケル・マハルコ著、ダイヤモンド社、2012）。文字どおりバイブルであり、「これ一冊あればほかはもういらない!」というくらい。四〇〇ページ以上ありますが実用性が高いので「このくらいあって当然」と感じます。

厚さと難易度は一致しません。アイデア本の古典ともいえるジェームス・W・ヤングの『**アイデアのつくり方**』（阪急コミュニケーションズ、1988）は、わずか一〇〇ページと非常にコンパクトですが上級編。ある程度アイデアを使ったビジネスに慣れたとき、初めて本当の意味が理解できる要素が入っています。

では、『アイデア・バイブル』から参考になる部分を引用してみましょう。

紹介されている発想法のひとつ、「パラメーターを設定する」。たとえば書籍だったら、表紙、タイトル、紙質、文体と、その商品に求められる要素がいろいろあります。それをすべて書き出して、一個一個に変化を加えていきます。たとえば、こんな感じです。

「どんな方法でランドリーバスケットのデザインを改良できるだろうか？」

説明：ランドリーバスケットを分析し、その基本パラメーターをリストアップする。4つのパラメーター（材料、形状、仕上げ、置き場所）について考えることにし、各パラメーターに対して使用するバリエーションの数は5つとする。

アイデア・ボックス：一番上にパラメーターを置き、各パラメーターの下部にバリエーション用の枠を5つ設けておく。続いて、パラメーターに沿って問いを投げかける。

●バスケットを作るのにどんな「材料」を使えばよいだろうか。
●バスケットの「形状」にはどんな可能性があるか。
●バスケットにはどんな「仕上げ」をほどこしたらよいだろうか。
●バスケットの「置き場所」はどこか。
（同書P117）

アイデア：網素材、円筒形、彩色あり、ドア掛け、を組み合わせてランドリーバスケットのアイデアを思いついた。長さ約40インチのバスケットボールネット型の網で、円筒形のリング付き。ドアに装着できるよう裏に板がついている。子どもたちは汚れ物をバスケットボール感覚で投げ入れることができる。満杯になったら、紐を引っ張れば洗濯物が簡単に落ちる。
（同書P118）

「フィクションストーリー発想法」も役に立つ技術です。

「もし●●だったらどうなるだろうか？」「ちょっと想像してみたら……？」と問いかけてみるだけで、想像力はビジネスという空腹も満たすこともできる。
（同書P236）

もし人が死ななかったらどうなるだろう？　もし、五年おきに性別が変わるとしたら？　バカバカしいと片づけてはいけません。こういうトレーニングは大事です。あり得ない状況を「もしも」と考えることによって、ストーリーが生まれます。

有川浩さんの『図書館戦争』（アスキー・メディアワークス、２００６）のアイデアが生まれた経緯は、「図書館の自由に関する宣言」を見たことによるひらめきとのこと。そのとき、有川さんが発想したのは、「もし好きな本を読む自由が奪われたらどうなるだろうか？」。そこから読みたい本を読むという自由を脅かす存在をつくり、『図書館戦争』という作品ができたそうです。「僕たちは今、何を禁止されたら一番刺激的なんだろう？」と考えると、面白いストーリー、面白いアイデアが生まれるかもしれません。これを自分のビジネスでもやってみれば、きっとなにか出てきます。

『アイデア・バイブル』は極論を言うと、発想法を教えることをビジネスとしている人たちがみんな失業してしまうくらいの優れもの。紹介されているのが理屈ではなく、実務的なワークというのも画期的です。これさえあれば、誰にでも発想できてしまうすごい本。買わずにいたら損をするくらいのお薦め度といえます。

アイデア発想法を学ぶうえで「この人はすごく面白い！」と思ったのが第一次南極越冬隊長だった西堀栄三郎さん。『石橋を叩けば渡れない。』（生産性出版、1999）など、いろいろな本を書いていますが、『ものづくり道』（ワック、2004）は押さえておきたい良書。地味だけれど発想法がたくさん紹介されています。たとえば、オイルを運びたいのに容器がない南極での出来事について、こんなことが書かれています。

手段は自由――氷でパイプを作る

（同書P20）

ちょうど真鍮《しんちゅう》の短いパイプが一本あったので、それに包帯を濡らしては巻き、濡らしては巻きしていった。包帯がだんだん太くなり、水が凍ってきて、繊維と氷とがコンバインした立派なパイプができあがった。

（同書P23）

極限状態でも、アイデア力のある人は生き残れるということを、西堀さんは明るく教えてくれます。

そのほか、お薦めを簡単に紹介しておきます。情報過多の社会では、「どうやったら相手の頭にこびりつくアイデアがつくれるか」という考えも必要です。〝忘れられない〟法則を知るのに役立つのが、『**アイデアのちから**』（チップ・ハース＆ダン・ハース著、日経ＢＰ社、２００８）。アメリカでは広く読まれたベストセラーです。この本で紹介されているのは、優れた映画や広告コピー、キャンペーン、スピーチなどに盛り込まれているメッセージ作りの六要素。具体的には、①Simple（単純明快）、②Unexpected（意外性がある）、③Concrete（具体的）、④Credible（信頼性がある）、⑤Emotional（感情に訴える）、⑥Story（物語性）、の六つですが（ＳＵＣＣＥＳの法則）、これを具体的にどう表現するか、その詳細にまで踏み込んで解説しています。

コンセプトについても押さえておきましょう。「コンセプト」とは広告代理店御用達の言葉ではなく、実はさまざまな業界の人が知るべき基本です。関連書はたくさんありますが、一番使えると僕が思うのは『**パワーコンセプトの技術**』（村山涼一著、講談社ＢＩＺ、２００７）。一見、シンプルなフレームワークでアイデア発想法をまとめたような本ですが、このメソッドはかなり活用できます。「コンセプトをつくろうと思うのなら、対象カテゴリーには存在しない、新しい観点で切り取ること」「心的躍動感を意識的につくると消費者のパーセプションを変えることができる」など、ヒントが満載。「ヘルシア緑茶」や「ウコンの力」「TSUBAKI」などのケーススタディからも、多くを学ぶことができるでしょう。

アイデア発想法の教科書として紹介する最後の一冊は、**『発想する会社！ 世界最高のデザイン・ファームIDEOに学ぶイノベーションの技法』**（トム・ケリー＆ジョナサン・リットマン著、早川書房、2002）。この本が教えてくれるのは、アイデアの源となる観察の大切さ。観察を欠いたアイデアには価値がない。現場を観察して得られた洞察から、アイデアをつくることがいかに大切か——アメリカでもっともクリエイティブなデザイン・ファームIDEOの発想法ですから、説得力が違います。デスクでひたすらアイデアを考えるのは、やっぱりどこかおかしい。アイデアを得たいなら、街に出てお客さまを観察することです。

◉ サブテキスト——言葉とアイデアの宝庫＝広告人の本を読む

「コピーライター」というと、自分の仕事と関係ないと思う人が多いでしょう。それを反映してか、書店でも専門書的に扱われていることもあります。しかし斬新なアイデアを考えること自体が仕事の広告マンからは、たくさんのことが学べます。発想法として参考になるし、コピーという短い言葉でしのぎを削って勝負している点も、ツイッターやメール時代の〝書くニーズ〟に役立つのです。

僕は「現代広告の父」と呼ばれたオグルヴィがこよなく好きなのですが、**『ある広告人の告白』**（海と月社、２００６新版）は何度読み返しても勉強になります。本書の１８７ページには、「〜になる方法」「発表」「紹介」「とれたて」「大きな進歩」「あっというま」「〜へのアドバイス」など、ヘッドラインに使える言葉がまとめて掲載されています。彼が過去に手掛けたすごいアイデアを紹介したのが**『デイヴィッド・オグルヴィ　広告を変えた男』**（ケネス・ローマン著、海と月社、２０１２）。時代を超えて応用できる実例が豊富です。

あるときオグルヴィは新商品「アガクッカー」という蓄熱調理器具の広告を手がけることになります。新しいものを売るとき困るのは、信用が決定的に欠けているということ。〝過去の実績〟がないためです。そこで彼は、こんなコピーを書きました。

> 蓄熱はもっとも古くから知られている料理法だ。アボリジニは消えかけた焚き火の熱い灰の中にハリネズミを入れて焼く。
>
> （同書Ｐ80）

見慣れないかもしれないが、実は人類が伝統的に活用していた英知を使った調理器具。こう言われると、新しいくせに伝統の重みが加わります。
もうひとつ、オグルヴィの広告ですごいなと思ったのは、アイパッチ作戦。「ワイシャツを着た男 The Man in the Hathaway Shirt」というシャツの広告モデルに、オグルヴィはなんとアイパッチをつけさせたのです。

モデルはジョージ・ランゲルという髭面《ひげづら》の中年男で、作家のウィリアム・フォークナーに似ていた。あるバージョンでは、彼は国を追われた白系ロシア人男爵という設定、別のバージョンでは、マラガから来た高貴なスペイン人として登場した。目は正常そのものだった。アイパッチは広告に、オグルヴィが言うところの「ストーリー・アピール」を植えつけるためだった。広告を見る人は、この威張りくさった貴族がどうして片目を失ったのだろうといぶかる。「ストーリー・アピール」というアイデアは、ハロルド・ルドルフという、以前広告会社のリサーチディレクターをしていた人が書いた、絵や写真を見るときに人がどこに注目するかを分析した本を読んだときに得たのだという。ワイシャツメーカーが、ワイシャツ自体のみならず「ワイシャツを着ている人」に焦点をあてた広告を出したのは初めてだった。（同書P171）

今では珍しくない、商品に関係ない部分を際立たせた広告やコマーシャルをつくったのはオグルヴィ。伝説といわれるだけはあります。

オグルヴィもまた、誰かから学んでいます。先生には先生がいるものです。源流をたどる意味で参考になるのが、彼自身が参考にしていたジョン・ケープルズ。数々の伝説のコピーを書いた稀代の広告人です。**『ザ・コピーライティング　心の琴線にふれる言葉の法則』**（ジョン・ケープルズ著、ダイヤモンド社、2008）も、本気で読み込めば間違いなく発想力と文章力が高まります。分厚い本のページを繰ると、実証済みコピーライティングのサンプルが、ぎっしりと詰まっています。著者の名を全米にとどろかせた伝説のコピー「They Laughed When I Sat Down At the Piano But When I Started to Play!」（私がピアノの前に座るとみんなが笑いました。でも弾き始めると——！）をはじめ、実際に驚異的な数字を叩き出したコピーと、名コピーをつくる「型」をいくつも紹介していますから、分厚さがうれしくなる。ケープルズによれば「広告の効果の五〇〜七五％は見出しにある」そうで、それだけに見出しの書き方のノウハウは充実しています。「効果的な見出しの4つの特徴」（同書P77）①得になる、②新情報、③好奇心、④手っ取り早く簡単な方法、はぜひ押さえておきたいところです。方法を学んだら、報告書、企画書、メール、プレゼン資料、なんにでもどしどし使ってみましょう。

オグルヴィが最も尊敬する人物のうちの一人は、クロード・C・ホプキンス。彼の『**広告でいちばん大切なこと**』（翔泳社、2006）も読めば、アイデアを生み出す力がグンと伸びます。人の心を理解すること、常に現実を受け止め、学び続けること、誠実さや信念を持つこと……。モノを売る人間に必要なすべての心構えが、この本に凝縮されています。

オグルヴィとは関係ありませんし、アイデア発想からもやや外れますが、実務にめちゃくちゃ参考になるのは、ロバート・コリアーの本。成功哲学などを書いているコリアーですが、本業はDMビジネスです。『**伝説のコピーライティング実践バイブル　史上最も売れる言葉を生み出した男の成功事例269**』（ダイヤモンド社、2011）の原著出版は一九三七年ですから、もはや古典。それでもすぐに使える要素があるところは、さすがです。全七一六ページにおよぶ電話帳のような本に、史上もっとも売れる言葉を生み出した伝説のコピーライターのコピー事例が、これでもかというくらい載っています。ためしにウェブサイトやプロフィールづくりの参考にすれば、この本の底力が実感できることうけあいです。

日本でアイデア発想法について書いている人たちは、ほとんどここまで紹介したような本から学んでいます。アメリカのほうがメディアの発達が早かったので、その流れが今も続いているのでしょう。その意味では、亜流の本をたくさん読むより翻訳書の古典を読むほうがいい。日本人の著書で参考にすべきは、プロのコピーライターが書いた本です。なかでもいいなと思うのが、新潮文庫「Ｙｏｎｄａ?」、「日テレ営業中」「ガス・パッ・チョ！」などの名コピーで知られる谷山雅計さんの**『広告コピーってこう書くんだ！読本』**（宣伝会議、２００７）。

一晩で１００本コピーを書く方法。

（同書P30）

たとえば、自分の知り合いを１００人思い浮かべてみてください。そして、その１００人とコピーを書こうとしている対象との関係をひとつひとつ考えていく。

（同書P31）

100人思い浮かべれば、とりあえずは100種類のコピーが書けるわけです。
（同書P32）

僕がこの本から紹介したい〝実務として使えそうなトピック〟は、「世の中の決まり文句を疑ってみる」というもの。

いいコピーを書こうと思うなら、世の中で言われている決まり文句をそのまま受け入れるのではなく、本当に自分がそう感じるのか、本当に世の中の人たちがそう思っているのかを、ちゃんと検証する目をもつべきでしょう。それができていないコピーは、ちょっとキビシイ言い方をすれば、しょせんウソです。
（同書P63）

また、「意味で書いて、生理でチェックする」というルールもお薦めです。

人間は、言葉を書くときには〝意味や論理で書く〟のですが、読んだり聞いたりして

受け取るときには、意味よりも先に〝生理的な部分〟で受け止めます。（同書P76）

論理的に正しいものが必ず正解とは限りません。カッコいいか、カッコ悪いか、という感覚的なものは重要です。この本には実例も紹介されているので、すんなりと理解しやすい。たとえば、スタイルを整えながら髪に栄養を与える男性用整髪剤のネーミング「二毛作ジェル」について。

農業関係の方にはたいへん失礼ですが、「二毛作」という言葉は決定的におしゃれじゃありませんし、「オレ、二毛作ジェル使ってんだぜ」なんて、人にはぜったいに自慢できませんよね。（同書P73）

何より、谷山さんが書いているこのメッセージは非常に説得力があります。

広告が広く世の中で話題になるためには、「みんなが言いたいことを言わせてあげる」という考え方が大切です。ポイントは「言ってあげる」ではなく、「言わせてあげる」

のところにあるのですが。

（同書P98）

共感を呼ばなければ人を引きつけない。これはすべてのビジネスに当てはまる普遍の法則だと思います。そういう意味でもう一冊お薦めなのが、「私はSuicaと暮らしています」の名コピーで知られる山本高史さんの『案本』（インプレス、2008）。新人時代、レトルトソースのコピーを書いたときのことを反省し、著者はこんな文章を書いています。

「結局、1985年に書けたのは、『いつもと同じお肉なのに、いつもと違うおいしさ』だった。ど真ん中のベネフィットだ。間違えてはいない。しかし、真ん中しか見えていなかった。真ん中しか知らなかった。それ以外のものが存在するなんて、知らなかった。だから書かれたコピーには、主婦の苦労も、母親の愛情も、妻の配慮も、家族の絆も、生活の醍醐味も、なかった。ぼくの想像力の乏しさのせいで、商品にも迷惑をかけている」

他者の気持ちを理解する心なしにいい言葉は作れないことを教えてくれる、良書です。

◉ 復習すべき教科③　心理学を知り、交渉力の基礎を鍛える

さて、〝五教科の復習〟に戻りましょう。扱うのが情報でもサービスでもモノでも、人がかかわらないビジネスはありません。王道として心理学の本は押さえるべきです。

すでに読んでいる人も多いでしょうが、圧倒的に優れた一冊は、『**影響力の武器　なぜ、人は動かされるのか　第二版**』（ロバート・B・チャルディーニ著、誠信書房、2007）。これさえあれば、あとの心理学本は不要とさえいえます。本書では、冒頭で「固定的行動パターン」や「知覚コントラストの原理」といったわれわれの知覚メカニズムの欠点を指摘した後、人を動かす強力な「6つの心理学原理」を紹介しています。この「返報性」「一貫性」「社会的証明」「好意」「権威」「希少性」を使いこなせば、ビジネスで大きな成果をあげられること、うけあいです。

心理学の本は大量にあります。面白いタイトルで目を引くもの、書き方、見せ方が優れているもの。個別の業種に特化したものが、続々と出てきます。それらについて「この本がいい・悪い」と個別に論じることはいくらでもできますが、実は学問のベースはみんな一緒です。同じものについて手を変え品を変え書いているだけで、違いはほとんどありま

せん。「何冊も買うのはお金と時間の無駄」と覚えておきましょう。

本音をいえばチャルディーニだけで充分ですが「それでは不安」という人にはビジネス寄りの三冊を。『**予想どおりに不合理　増補版**』（ダン・アリエリー著、早川書房、２０１０）はマーケティングに役立つ心理学。『**実践 行動経済学　健康、富、幸福への聡明な選択**』（リチャード・セイラー キャス・サンスティーン著、日経ＢＰ社、２００９）と、前出の『**経済は感情で動く　はじめての行動経済学**』（マッテオ・モッテルリーニ著、紀伊國屋書店、２００８）も普遍性があります。どれも社会心理学・行動経済学という学問から来ているので、読み終えれば「何冊も必要ないな」という結論になり、不安がすーっと消えるでしょう。

心理学から派生するもので、読んで損がないのは『**ＦＢＩアカデミーで教える心理交渉術**』（ハーブ・コーエン著、日本経済新聞出版社、２００８）。僕はすべてのビジネスを交渉力で見ています。交渉力を持てば、価格を上げられ、仕入れ値を抑えられる。結果として儲かります。どうやって交渉を有利に進めるか、この本には重要な基本が書かれています。

◉ 復習すべき教科④　ネットワーク理論を学び、人脈本を片づける

「これからはネットワーク理論を学ぶほうが、人脈本を読むよりはるかにいい」

結論から言うとこうなります。各論やテクニックを知るよりも根本的な理論を知っておくほうが重要ですし、何より仕事に役立ちます。人脈について復習したいなら、ネットワーク理論を学びましょう。

ビジネス書バブルの時点で、ほとんどの〝人脈テクニック〟本は出尽くしました。人脈作りに有用な「コントリビューション（貢献）」という概念を紹介した『**レバレッジ人脈術**』（本田直之著、ダイヤモンド社、２００７）、「人脈レイヤー」という概念を紹介したヘッドハンター岡島悦子さんの『**抜擢される人の人脈力**』（東洋経済新報社、２００８）あたりを押さえておけば十分。『抜擢される人の人脈力』は心地良い人の輪におさまらずに、人脈レイヤーを上げていく重要性を説いています。

一方、学ぶべきネットワーク理論はいくつもありますが、特に推薦できるものを挙げましょう。ネットワークや人脈をテーマにした日本のビジネス書は、ほぼこれらをアレンジ

して書かれた焼き直しです。

最初に話題になったのは、構造物理学者アルバート＝ラズロ・バラバシが書いた『**新ネットワーク思考　世界のしくみを読み解く**』（NHK出版、2002）。みんながネットワーク理論の研究をする呼び水になった感さえある画期的な本です。

「すべてはつながりをもつ一つのネットワーク」と論じたこの本は、科学者が得た知識をビジネスパーソンが読めるようにしてある点も今日的です。「自然もテクノロジーも戦争もすべてはリンクしている」という一貫性のあるテーマが理路整然と展開され、読んでいて頭が整理整頓される感すらあります。世界の誰とでも六人でつながるという有名な「六次の隔たり」の法則や、「外の世界とコミュニケーションをする能力は、弱い絆に支配されている」という原理、ウェブの構造を規定しているきわめて多数のリンクをもつノード「ハブ」の存在など、ネットワークを理解するうえで重要なコンセプトがいくつも登場します。

もう一冊薦めたいのは、同じテーマでありながらあえて複雑さに挑んでいるダンカン・ワッツの本。コロンビア大学の社会学部教授で、ネットワーク科学の革命児とされる人物です。彼が書いた『**スモールワールド・ネットワーク　世界を知るための新科学的思考法**』

（阪急コミュニケーションズ、２００４）は、『新ネットワーク思考』と同じテーマを扱っていますが、前者は「すべてはつながっている」と明確な主張を強調しているのに対し、後者は複雑なまま論を展開します。

ダンカン・ワッツは「世界はバラバシとアルバートが考えたようなシンプルなモデルよりももっと複雑である」（同書Ｐ１３２）と述べています。たとえば、「ネットワークはスケールフリー」というアルバート・バラバシの主張に対して、現実的な部分も加味し、一つのネットワークがあるのではなく、ネットワークとネットワークを繋ぐゆるやかな紐帯こそ、ネットワークを大きくしていくのだという論が展開されます。

『スモールワールド・ネットワーク』の一番の肝は、ネットワークを理解する図があること。このネットワーク図さえ理解できれば、どうやって応用すればいいのかはよくわかるはずです。もちろん、本書には引用しません。本当に必要な人だけ、お金を出して手に入れてください。それだけの価値がある図なのですから。

◉ 復習すべき教科⑤ コミュニケーションは「教科書」を押さえる

業種を問わず時代を超えてニーズがあるのはコミュニケーション。この復習については、〝教科書的な古典〟を使うといいでしょう。かなりしつこくても、本当に役に立つので書きます。コミュニケーションにおいても教科書となる基本書は201ページでご紹介した『影響力の武器』。人の心理を知らないことにはコミュニケーションはなりたちません。

チャルディーニに並ぶ教科書をもう一冊挙げるなら、やはり古典の『**人を動かす 新装版**』(デール・カーネギー著、創元社、1999)。この二冊は基本書なので、理屈抜きにとりあえず読むべきです。

コミュニケーションの基本は人を動かすこと。相手が動かなかったら意味がないし、伝わらなければ意味がありません。「相手が動く、ちゃんと伝わる」のどちらかにあてはまるものを、僕は読むようにしています。

コミュニケーションにつきものの話し方やマナーの本も、ある程度基本を押さえれば充分です。『**日本人にしかできない「気づかい」の習慣**』(上田比呂志著、クロスメディア・パブリッシング、2011)は例外的に面白く読みました。この本からわかるのは、本当の話し方やマナーはテクニックでは身につかないということ。そういう意味で掘り出し物的におすすめなのが『**幸せを呼ぶ「おせっかい」のススメ**』（高橋恵著、ＰＨＰ研究所、２０１２）。一見、ビジネスとはほど遠い冴えない自己啓発書かエッセイの類に見えますが、じつはこの本、あの有名ＰＲ会社、サニーサイドアップの創立者が書いた本だったのです。どうすれば人に名前を覚えてもらえるか、どうすれば他人と良い関係がつくれるのか、ＰＲや営業で大切なことが、いくつも書かれています。過去に著者が行ったＰＲの数々、ゼロから仕事を獲得した方法、相手の心を動かす手紙の書き方や、愛あるメッセージの伝え方など、実用面でも「使える」内容です。この本のなかでもっとも感銘を受けた個所を紹介しましょう。

「感謝という字は、「感じた」ことを「ことば」で「射る」と書きます。かつて気持ちを届けるのに一番速かったのが、弓矢（矢文）だったと思います」（同書Ｐ127）

感謝は、感じたらすぐ表現する。円滑なコミュニケーションのためのよい行動習慣が書かれており、じつに参考になる良書です。

次に、僕の話し方の教科書を三冊紹介しましょう。まずは『**ことばと文化**』（鈴木孝夫著、岩波新書、1973）。コミュニケーションの本質が書かれた必読書です。

たとえば「大きな赤いリンゴ」という表現をきくと、人は「大きい」も「赤い」もひとしくリンゴというものの性質を形容していると思うのが普通である。けれども、この二つの形容詞の構造が非常に違っていることは次のような実験をしてみればすぐ明らかになる。ある人が、かりにリンゴという果物を知らなかったとしよう。その人の前に、いくつかの、種類の違った果物を並べて、その中に赤いリンゴを一つ入れておく。話しを簡単にするために、他の果物は赤くないものばかり選んでおくことにしよう。さてこの人に向って、「このいくつかの果物の中に赤いリンゴがあります。どれですか」ときけば、その人はためらうことなく、正しい果物を指すことができる。次に、「ではこのリンゴは大きいですか、それとも小さいですか」とたずねたらどうだろうか。今までリンゴとはどんな果物かを知らなかったその人は、初めて見るリンゴを前にして、大きいか小さいかを言うことはできないにちがいない。この実験から言えることは、「赤い」という形容詞の意味を知っている人は、目の前に現われた事物が、「赤い」か「赤くない」かは、その事物についての、更に詳しい知識や情報がなくても、直ちに判断することができるのに、ある対象を「大きい」と言うことができるためには、実はその対象について、もっと多くのことを知っていなければならないということである。

（同書Ｐ62）

お互いの共通認識は何かを検証する。「あのときのそれを、こうしといて」といった「老夫婦の会話じゃないし！」と言いたくなる不的確な指示を出す人がいますが、この問題はもっと奥が深い。この本を読めば、自分がその言葉に関して持っている知識や経験や前提を、他の人と共有できるように話さなくてはいけないという大原則が理解できます。

的確なコミュニケーションをとるには、自分が偉い人かどうかではなく、相手が自分をどう思っているかが大切です。小さな子ども相手に「〇〇社の部長だ」といっても通じませんし、海外で「俺は〇〇の社長だ」と言って「ほう」と言われる企業はそうたくさんありません。グローバル時代のビジネスに何が必要かについても、この本から洞察を得ることができます。たとえば「water＝水」ではないという話。

water ということばが、温度に関しては、元来中立的な性質を持っていることを示すものだ。これに反し、日本語の「水」は、冷たいという性質をかなりはっきりと持っている。「熱い水」という表現が不自然にひびくのも、「四角い三角」と同じくらい、矛盾したものだからである。（同書P36）

H_2Oで示すことのできる物質は、日常的な日本語では温度及び様態によって、「氷」「水」「湯」の三つに区別して呼ばれている。それが英語では、ice、water の二つであり、マレー語では air 一つしかない。（同書P36）

こうした実例も非常に面白いのですが、言葉の奥まで鈴木さんの考察は及びます。

外国のことは、外国に行ってみなければ判らないことが多いのは確かである。しかし、ただそこに行ったからとて、いやそこで長く暮したからとて、必ずしも判るものではないのが「見えない文化」なのである。見る方の人に、自分の文化を原点とした問題意識がなければ、実に多くのことが、そこにあっても、見えないのである。（同書P125）

話し方の教科書として、二冊目に読んでおきたいのがアリストテレスの『**弁論術**』（岩波文庫、１９９２）。論理的に話すとはどういうことかがわかる本で、スピーチの鉄則が入っています。そして、より手に取りやすく、きわめてベーシックなのが三冊目の教科書。『**「話し方」の心理学　必ず相手を聞く気にさせるテクニック**』（ジェシー・S・ニーレンバーグ著、日本経済新聞出版社、２００５）です。アリストテレスが唱える「説得の三種」のうち、「パトス」（感情）を扱った内容で、人と会話をする際に、忘れてはならない「感情」の問題にフォーカスし、その扱い方と、具体的な会話テクニックを示しています。一見、論理的に見える会話にどれほど感情が紛れ込んでいるかを解説し、言外の感情に適切に対処する方法を教えてくれます。一般的なコミュニケーションにも営業戦略にも使えますが、ちょっと上級編で「察しがいい人」になるための本かもしれません。

コミュニケーション実践編として読んでほしいのは、『**私はどうして販売外交に成功したか**』（F・ベトガー著、ダイヤモンド社、１９８２）。あのデール・カーネギーをして、「本書を一冊手にするためには、シカゴからニューヨークまででも、喜んで歩いてゆく」と言わしめた名著中の名著で、初版発行以来かれこれ約五〇年を数えるロングセラーです。小手先の営業技術について書かれた本が多いなか、本書で述べられているのは、営業マンとしてもっとも大切な心構えや考え方。人間である顧客の心をいかにして導くか、といった点がよく書かれています。

一度は相手が採用した、あるいは採用を検討しているライバルを決して悪く言わないこと、相手の意見に反論せず質問によって承認を得ること、相手の名前を覚えること、相手が買ったものの価値を再度認めてあげることなど、そのノウハウのベースには、人を動かすための根本原理が存在しています。ビジネスパーソンのコミュニケーション本として、ぜひ押さえておきたい一冊です。

◉ サブテキスト——コミュニケーションに役立つ旬の本

人間も〝生もの〟ですし、価値観の変化に連れて心理も言葉も変わります。サブテキストとして、コミュニケーションに役立つ旬の本も紹介しましょう。

イチオシの旬は阿川佐和子さんの『**聞く力　心をひらく35のヒント**』（文春新書、2012）。僕はライター時代、大量のインタビューをこなしたのでよけいに共感する面もありますが、情報化社会でいい情報を手に入れる一番の方法は聞くこと。「発言すること」

に重きが置かれていた時代の振り子が「聞くこと」に振れたことを示唆する本でもあります。とくに印象的なのは、「質問は一つだけ用意しなさい」（同書Ｐ52）というトピック。著者が先輩から受けたレクチャーが続きます。

「もし一つしか質問を用意していなかったら、当然、次の質問をその場で考えなければならない。次の質問を見つけるためのヒントはどこに隠れているだろう。隠れているとすれば、一つ目の質問に応えている相手の、答えのなかである。そうなれば、質問者は本気で相手の話を聞かざるを得ない。そして、本気で相手の話を聞けば、必ずその答えのなかから、次の質問が見つかるはずである」（同書Ｐ53）

この手法は、有名インタビュアーのラリー・キングにも共通しています。ビジネス書バブル後のベストセラー『誰とでも15分以上　会話がとぎれない！話し方66のルール』（野口敏著、すばる舎、２００９）にある「わかってほしいところに反応する」という考えとも同じです。話に限らずメールであっても、送って来た相手が〝わかってほしいところはどこか〟を考えて返信しないと、真のコミュニケーションにはなりません。

『聞く力』に続く旬のお薦めは、『**人を魅了する**』（ガイ・カワサキ著、海と月社、2012）。ガイ・カワサキが書いている「あなた自身をポジショニングするフレーズをつくれ」というのは、まさに今流行のセルフブランディングの話です。

形容詞を省いて、動詞だけであなたの仕事を説明できればさらによい。（同書P70）

結局価値があるのは名詞と動詞と数詞。形容詞は主観なので、あまり信用されません。主観で飾り立てるよりも、三つの事実で誠実なことを言うほうが、信用されるコミュニケーションをとることができます。その意味では、『**魅きよせるブランドをつくる7つの条件**』（サリー・ホッグスヘッド著、パイインターナショナル、2011）も役立つでしょう。

旬ではありませんがいっそ思い切り過去に振れて、神様と言われた人のコミュニケーションで温故知新するのもいい。『**成功の法則　松下幸之助はなぜ成功したのか**』（江口克彦著、PHP文庫、2000 ※単行本は1986初版）は、直接松下幸之助の薫陶をうけた江口さんにしか書けない話が満載。幸之助はものづくり時代の人ですが、〝人たらし〟という意味では永遠不滅のコミュニケーションの達人といえます。

私はだいたい十一時ごろ、床についていた。だから夜中の一時ごろ電話がかかってくると、ちょうど寝込みを襲われることになる。眠いことこのうえない、といった状態のときである。しかし、そんな夜中に電話をかけてくるのは松下幸之助しかいない。電話が鳴った途端に、私は瞬間、寝ぼけた声、とんちんかんな応答をしたくないと思うから、わずか五秒か十秒の受話器を取るまでの間に、真っ暗闇の中で必死になって意識をしっかりさせようとする。これは自分自身との格闘となる。眠っていたところを急にそうすると、ムカムカして吐き気がするような感じで気分が悪くなる。しかし、そのような必死の努力をしながら灯りのスイッチを手さぐりで探しつつ、なんとか受話器を取る。松下の声が聞こえてくる。「ああ、江口君か、わしやけどな。夜遅く電話をしてすまんな。けどな、わし、きみの声を聞きたかったんや。きみの声を聞いたら、元気が出るんや」

（同書Ｐ42）

いくら迷惑でもこんなことを言われたら、心はガッチリ捕まってしまいます。

「叱るときには、本気で叱らんと部下は可哀相やで。策でもって叱ってはあかんよ。けど、いつでも、人間は誰でも偉大な存在であるという考えを根底に持っておらんとね」

（同書P199）

この叱り方が万事に共通していたのでしょう。比喩が巧みなのも松下幸之助の特徴です。

「塩の辛さ、砂糖の甘さというものは、何十回、何百回教えられても、ほんとうにはわからんやろ。なめてみて、初めてわかるものや」

（同書P90）

やはり、神様といわれるだけのことはあります。

それでも心配な人のおまけ――　新しい観点の時間管理とモチベーション

ビジネス書の定番がテクニック本。時間術はその代表です。本書では繰り返し「もはやテクニックはいらない」と言っていますが、それでも不安という人のために補足しましょう。飛ばせる人はどんどん飛ばしてください。

僕が一番勉強になったのは、一〇年以上前に出た『**なぜか、「仕事がうまくいく人」の習慣　世界中のビジネスマンが学んだ成功の法則**』（ケリー・グリーソン著、PHP研究所、２００１）。本書で「中断するものをなくせ、時間をまとめてしまえ、余計な書類を捨てろ」といったテクニックを知ったことで、僕の生産性は二倍になりました。じつに有用なので、別に他の本を読むまでもないとすら感じます。

テクニック本の王道、習慣づくりの本も膨大にありますが、これもたくさん読む必要はなし。一番ベースとなる『7つの習慣』に書かれた「やるべきことにフォーカスしろ」という教えがあれば、もう充分だと思います。最近読んでいいなと思ったのは、『**仕事が速**

い人が必ずやっている整理の習慣』（篠塚孝哉著、かんき出版、2012）。著者は元リクルートの営業部門MVPで、同社の残業を減らすため社内セミナー講師にまでなった人物。自身が運営する人気ブログ「bizMode」では、仕事効率化や最新のデジタルデバイス、ウェブサービスに関する記事も書いています。テクニックやツールの話が多いので長期的には陳腐化すると思いますが、そのぶん実用性は抜群。

机の上の物を使用頻度で分類するやり方や、デスクトップの整理方法、ランチャーソフトを使ってすべてのソフトウェア、ファイル、フォルダを立ち上げる方法、三分割ノート、四つのフォルダを使ったメール管理、ファイル名の頭にアルファベットを入れておき、一発で読み出す方法……。目からウロコの整理術が紹介されており、有用な内容です。

いずれにせよ、テクニックや仕事術に凝りすぎると肝心の中身がおざなりになるので、ほどほどに。ただし、若きビジネスパーソンであれば話は別です。また、キャリアを積んでいてもまだ定番に出会っていない人は、良書を読んでおいてもいい。僕が言いたいのは「むやみに何冊も買わなくていい」ということ。思想をつくり、五教科を復習しても心配という人のために、新しい視点で時間管理本とモチベーション本を紹介しておきます。

◉ 時間「術」から時間「戦略」へ――内田和成、トム・デマルコ、ジャック・ウェルチ

「時間管理の本が有用なのは、年収八〇〇万円まで」

僕はそう思っています。なぜなら時間管理とは、本来「与えられた仕事を最大効率でこなす」ポジションの人のためのものだからです。これが意思決定権のあるマネジャー、経営者のポジションになると、「何をやめるか」が問題となってくる。時間の戦略とは、まず何をしないかを決め、成果を生むものにたくさん時間をかけること。だから〝どの本を読むべきか、読まないべきか〟も決めてしまいましょう。

まずお薦めするのは、元ボストン・コンサルティング・グループ代表、内田和成さんの二冊。**『仮説思考　ＢＣＧ流問題発見・解決の発想法』**（東洋経済新報社、２００６）、**『論点思考　ＢＣＧ流問題設定の技術』**（東洋経済新報社、２０１０）。仮説思考を使えば、先に仮説を立てて後からそれに必要な情報収集をするため、情報収集にかける時間が節約できる。論点思考を使えば、正しい問題発見が可能になり、無駄な問題を解かずに済む。これで大幅な時間の節約が可能になります。

「この二冊が時間本？」と思うかもしれませんが、〝いるもの／いらないものを考える戦略

づくり〟ができます。『**イシューからはじめよ　知的生産の「シンプルな本質」**』（安宅和人著、英知出版、2010）も、同様の見地で時間戦略に使える本です。さらに、134ページでも登場した『ワンランク上の問題解決の技術《実践編》』で紹介されている「ファンクショナル・アプローチ」も無駄を除去する方法論。そのまま時間管理に使えます。

ビジネス書としてあまり名前が出てこないものの、ソフトウェアの開発のコンサルタントとしては非常に有名なトム・デマルコが書いた『**ゆとりの法則　誰も書かなかったプロジェクト管理の誤解**』（日経BP社、2001）も興味深い。

人間は時間的なプレッシャーをいくらかけられても、速くは考えられない——ティム・リスター

考える速さは決まっている。なにをしようと、どんなにがんばろうと、考える速さは上げられない。

（同書P61）

没頭を必要とする仕事が中断されると、再開するには2回目の没頭時間が必要である。頻繁に中断される場合には、フラストレーションも関係してくるだろう。フラストレ

ーションのたまった労働者は、気持ちを静め、作業を再開したときにさらにフラストレーションが高まる可能性に備えるために、ある程度のエネルギーと時間を必要とする。

（同書Ｐ27）

これは、「中断しない仕組みをつくれ」という話です。時間を濃く使うには、集中力も大切です。アル・ライズの『**フォーカス！　利益を出しつづける会社にする究極の方法**』（海と月社、２００７）では、どんな会社でも、うまくいくと手を広げすぎて失敗するという話が紹介されています。この考えを応用して時間戦略をたてるといいでしょう。きっと新たな発見があります。

「成功している人の戦略に学ぶ」という点でいえば、時間術については経営者やコンサルタントが書いた本を読むべきです。成功している経営者やコンサルタントは非常に多忙。とりわけ経営者は、日々が選択と集中。外部からデータをもとにアドバイスしているのではなく、自身が責任をもって最終決断を下すのですから、学びは多くあります。

選択と集中がキャッチフレーズと化した経営者『**ジャック・ウェルチ　わが経営　上下**』（ジャック・ウェルチ ジョン・Ａ・バーン著、日経ビジネス人文庫、２００５）は、文句なしにお薦め。

ウェルチよりさらに元祖といえば、『**経営者の条件**』（ピーター・ドラッカー著、ダイヤモンド社、2006）でしょう。『経営の行動指針』も同じ読み方ができます。

組織全体の生産効率を考えるなら、『**ザ・ゴール　企業の究極の目的とは何か**』（エリヤフ・ゴールドラット著、ダイヤモンド社、2001）。これを営業プロセスに落とし込んだのが『**ザ・キャッシュマシーン　儲け続ける仕組みをつくれ！**』（リチャード・クラフォルツ アレックス・クラーマン著、ダイヤモンド社、2005）。豊田生産方式の産みの親大野耐一氏が書いた『**トヨタ生産方式　脱規模の経営をめざして**』（大野耐一著、ダイヤモンド社、1978）もお薦めです。

このあたりを読めば、どうやったら少ない時間で効果をあげられるか、自分なりの戦略が立てられるでしょう。

◉自己洗脳のためのモチベーション本——YUKI、本田語録、トム・ピーターズ

モチベーション本は、「こうすれば成功できる！」という甘いファンタジーに酔うというより、積極的に自己洗脳するつもりで読みましょう。〝たまの焼き肉とどんぶり飯〟のごとく、カッ食らう感覚でもいい。「本ではない、栄養剤だ」くらいの気持ちで消費して

いくのです。その意味では、好きならなんでもいいといえます。

僕の個人的なモチベーション本を紹介すれば、元ジュディ&マリーのＹＵＫＩの『YUKI Girly★Rock Mini』（宇都宮美穂著、ソニー・マガジンズ、２００４）と、コミックの『女帝』（倉科遼（作）和気一作（画）、日本文芸社、２００６）。僕のトップシークレット（?）です。タレントとしてＹＵＫＩが好きなわけでもなく、ジュディ&マリーの曲は一曲くらいしか知らない。また、女性コミックに詳しいわけでもない。それでも元気が出るのです。こうした本にさすがに赤線は引きませんが、どちらも「田舎から出て来て天下を取ろう！」という人間にとって、魂が揺さぶられるものがあります。

塩野七生さんの『わが友マキアヴェッリ　フィレンツェ存亡〈1〉～〈3〉』（新潮文庫、２０１０）も、僕にとっては極上のモチベーション本。読めば「あのマキアヴェッリも、ノンキャリで恵まれない環境の中で頑張っていた」という事実に励まされてしまいます。非正規雇用の人が多い時代だからこそ、与えられたポジションから腐らずに上がっていくこの物語は、ぜひ読んでほしい。せっかく上りつめたマキアヴェッリですが、最後の最後に権力の中枢から外されます。だからこそ『君主論』（講談社学術文庫ほか）で永遠の名を残したところも、たまらない読み応えです。

僕が書いた『「伝説の社員」になれ！　成功する5％になる秘密とセオリー』（草思社、2007）も実は同じ流れなのですが、逆境に耐えている人の本は、モチベーションアップとストレスマネジメントの両方の見地から読むことができます。〝今の辛い状況に勝つためにもっと辛い人を見る〟という方法です。

「仕事って大変だな」と感じるときに『赤めだか』（立川談春著、扶桑社、2008）を読むと、あまりの理不尽さに、「自分はまだまだ甘い」と思えてきます。『カネは後からついてくる！』（岡野雅行著、青春出版社、2009）と『プロフェッショナルセールスマン「伝説の営業」と呼ばれた男の壮絶顧客志向』（神谷竜太編著、プレジデント社、2011）は、『赤めだか』の大変さをよりリアルに感じさせてくれるもの。『プロ論。』（B-ing編集部編、徳間書店、2004）や『最高齢プロフェッショナルの教え』（徳間書店取材班、徳間書店、2010）は、これらをもっとビジネス寄りにして「ほらほら、やっぱりすごい人たちは若いときにこんな苦労したんだよ」という話です。

『プロフェッショナルセールスマン』のような働きかたをそのまま真似するのは難しいかもしれませんが、『昼メシは座って食べるな！』（市村洋著、サンマーク出版、2011）のように、同じテーマの新しい本は次々出てきます。自分に合った人を見つけてモチベーションアップをはかるといいでしょう。

苛烈なら苛烈なほど面白いと思う人に薦めたいのは、もう一人のものづくりの神様、本田宗一郎について部下が書いた本。『「本田宗一郎に一番叱られた男」の本田語録』（岩倉信弥著、三笠書房、２００６）の帯のキャッチコピーには、「仕事は戦争だ。だから本気で叱る」という本田の迫力溢れる言葉があります。

「君たちは、腹が減って死にそうな人に、『すき焼きの肉を買いに行きます』なんて言うのか！」（同書Ｐ16）

「人もクルマも背骨が通ってないやつはダメなんだ」（同書Ｐ16）

「やれ技術だ、性能だなどと頭でっかちになって、いまこの瞬間にお客さんが本当にほしいと思っているものを、提供できていないではないか。先々の『すき焼き』より、いまの『おにぎり』なんだ。世の中のニーズに敏感でない人は仕事をする人として失格である……」（同書Ｐ17）

「高級な生活をしていないから、高級品がつくれない？　じゃあ聞くが、信長や秀吉の鎧兜や陣羽織は誰がつくったんだ？」

（同書P19）

無茶苦茶きつく、しかし筋の通ったことで叱られることも、モチベーションアップには効きます。本を通じてものづくりの神様から叱ってもらいましょう。ちなみに本書を読むかぎり、本田宗一郎は今日のクリエイターに近いマインドを持っているといえるかもしれません。

リアリティもあり、モチベーションアップに役立つのは、『**真実の瞬間　SASのサービス戦略はなぜ成功したか**』（ヤン・カールソン著、ダイヤモンド社、1990）。営業・接客系の人には特にお薦めです。似たタイプで言うと『**日本一メルセデス・ベンツを売る男　ザ・トップセールス　吉田満の販売術**』（前島太一著、グラフ社、2006）は、個人的にも大好きな本。

いつも、生意気と思われるためには、その生意気さも進化させていかなくてはいけません。日々、変えていかなくてはいけないのです。

（同書P63）

ギラギラしたモチベーションの固まりのような男臭い本ですが、ここまで徹底していると気持ち良くなってきます。いつでもケータイをＯＮにして顧客の悩みにこたえる、他社のものが欲しければディーラーを紹介する、プレゼント用のクルマには自腹を切って花束を添える、納車の際には細心の注意を払う…。お客さまのためとはいえ、なかなかできることではありません。一流のマインドを学ぶにはピッタリの本です。

もっとやさしく、「がんばればバラ色の未来が見える」と信じるための自己洗脳本は**『トム・ピーターズのサラリーマン大逆襲作戦〈１〉ブランド人になれ！』**（トム・ピーターズ著、阪急コミュニケーションズ、２０００）。モチベーションアップであっても多少は理性的でありたい人は、**『「器が小さい人」にならないための50の行動』**（西多昌規著、草思社、２０１１）で紹介されている「ワーキングメモリーを管理する」というコンセプトを知るといいでしょう。前頭葉の所にあるワーキングメモリーが低下すると、人はイライラしたり怒りっぽくなってしまう。これを知っているだけで、テンパるという事態を回避できます。「夜中のラーメンは短気の原因」といった豆知識もあるのでおすすめです。

『ガンダムが教えてくれたこと』（鈴木博毅著、日本実業出版社、２０１１）も、年齢層によってはまります。変化球でもなかなか使えるのは、『ああ正負の法則』（美輪明宏著、PARCO出版、2002）。面白いし、ストレスマネジメントにも役立ちます。

人間関係で一番大事なのは〈腹八分〉ではなくて〈腹六分〉。〈腹八分〉だと多すぎるのです。夫婦、恋人、親子、兄弟、友だち、仕事関係、すべて〈腹六分〉でお付き合いしなさい。〝親しき仲にも礼儀あり〟これが鉄則です。（同書P76）

一升瓶に一升のお酒を入れてしまうと、ちょっと動くだけでこぼれてしまう。どうしてもそうなるのです。初めから八分目から九分目に入れておけばこぼれずにすむ、無駄にならないのです。残りの二分はどうすればよいでしょう。人に初めからあげておけばいい。人も喜ぶし、お酒も無駄になりません。（同書P183）

思わずうなずく納得のメッセージの数々です。

「落ち込んでいるときは、元気になる本を読まないほうがいい」というのは、僕が精神科医の方に聞いた話です。人間は落ち込んで鬱になっているとき、とことん落ち込まないと反動がくる。その意味では悲劇的な本もおすすめです。**『世紀の相場師 ジェシー・リバモア』**（リチャード・スミッテン著、角川書店、2001）は、大恐慌時代に大儲けし、すべてが順調だったところから一気に転落する人生を描いています。奥さんが息子を銃で撃ち、その後、自分は銃で自殺するのですから壮絶なノンフィクションです。

『もう走れません　円谷幸吉の栄光と死』（長岡民男著、講談社、1977）は、国民の期待を背負ってストイックに努力を続け、重圧に耐えきれずに自殺した伝説のランナー円谷幸吉の物語です。

「父上様、母上様、三日とろろ美味しゅうございました」で始まる円谷が書いた遺書が、なんとも心を打つ。芥川賞作家の藤原智美さんが「名文だ」と言っただけのことはあります。「もう、死んでしまいたい」とふと思うようなつらいことは誰でもあります。僕はこの本を読むと、「円谷より追い込まれていない」とも思えるし「死ぬことの是非はともかく、ここまで責任感が強いのは格好よくて潔い」とも感じます。「何のために死ぬのか」を考えることも、充実した人生を生きるのには必要なことかと思います。

第4章

コモディティから抜け出すためのビジネス書の選び方・読み方

書店に行こう！　差をつけるビジネス書の選び方

基本となるビジネス書とはどんなものか、どのように読み、活用すればいいかは、第三章で網羅しました。一五年前なら手に入りにくい稀少本や絶版になっている本も、インターネットのおかげで家に居ながらにして入手可能です。いいな、と思ったら即買いしていいものを厳選していますので、ぜひ参考にしてください。

第四章では、そうした基礎を身につけた人に向けて、上級者向けの「損をしないビジネス書の選び方・ニッチな読み方」をお伝えします。選び方に関して言えば、声を大にして言いたいのが、「書店に行こう」ということ。ネット書店専門になっている人は、使い分けを考えたほうがいい。これにはちゃんと理由があります。

◉ ベストセラービジネス書でアドバンテージはとれない

第三章で紹介したような良質のビジネス書は、業種を問わず広く参考になります。『アイデア・バイブル』も『ビジネスモデル・ジェネレーション』も、読めば確実に実務に役立てることができます。これはビジネス書の素晴らしいところであり、弱点でもあります。なぜなら、世の中の全員が同じ力を身につけると、競争が厳しくなるからです。

たとえば、第二章で紹介した『フリー』は間違いなく有用本ですが、本音をいえばみんながこれを使うと困る。少数が勉強するからこそ競争優位性が持てるという法則は、ビジネス書にもはたらいています。

僕の場合、勉強になると思えば、いち早く買って読みます。読んでみて、本当にいい本だと思えば、「ビジネスブックマラソン」をはじめとして、人にも紹介し、すすめます。しかし、自分自身はその戦略をあえてとらないことも多々あります。

『フリー』くらいの本であれば、世の中に与える影響も大きい。大勢の人が〝フリー戦略〟をとるようになるでしょう。だけれどそこは、競合が多い激戦区。みんながパワーアップした同じ武器を手にして、一斉に戦い始めるようなものです。こんな仁義なき戦いに参戦することになれば、もともとの体力がないと最悪の結果を招きかねません。

各自が応用すればいい発想法などは別ですが、戦略的なビジネス書に関しては「まず知って、あえて逆張りする」という選択肢も用意しておくのがいいでしょう。

◉ アマゾンのリンクだけでは「付加価値本」に出会えない

売れている本、ベストセラーの本を読んで手にした武器で戦えば、激戦区に行くことになる。しかし、みんなと違うちょっと変わった武器で戦えば、アドバンテージが取れます。

そこで僕はあえて〝売れていない本とマイナーな本〟を探すようにしています。

この手の本は、アマゾンの「この商品を買った人はこんな商品も買っています」といったリンクだけでは、決してたどり着けません。では、どうするかといえば、勉強になる本を読んでいるとき、中に出てくる本をすかさず買うのです。参考文献ですらなく、著者が文中でサラッと触れているようなものも「これは使える」と思ったらその場で迷わず検索・購入します。本を読みながら、アマゾンで注文してしまうのです。場合によっては、一冊読み終えるまでに一〇冊ぐらい買っていたりします。

そうして取り寄せた本は、たいていマイナーです。読んでみて、本当にいいなと思ったら、この段階でアマゾンの「この商品を買った人はこんな商品も買っています」の出番。マイナーな本がもとなので、マイナーな本ばかり並びますが、そこから「これは名著っぽいな」「ロングセラーみたいだ」という本を芋づる式に買う。できれば書店に行って刷部数まで確認できれば最高ですが、それは時間との兼ね合いです。最初のタネとなる本を読んですぐに買うのがベストでしょう。「あとで書店に行って、刷部数を調べて買おう」と言っていたら、絶対そのままになってしまいます。僕は「今買い損ねると、もう一生会えない」と思うことにしています。

本が届いたら、興味ある順にバーッと読んでいきます。

「なるほど、こういう体系になっているんだ」「こういう研究データがあるんだ」「あっ、こういう論文がある」「この大学がこのジャンルに関しては強い」「この教授が有名なんだ」などといろいろわかります。

そこから関連本の過去にさかのぼり、タテ軸で同じ系列の本を読むと、さらに面白いものが見つかります。アマゾンで買っている人は、「今のもの」に目が行っていますが、学者の書いた本には必ず世代があります。心理学にユング派、フロイト派があるようなもので、グループも分かれています。

自分の興味があるグループでいい学者を見つけたら、「この先生の前のトップランナーは誰だろう?」と、一世代前の権威を調べ、その先生の師匠筋に当たる人も調べる。さらに、その師匠の交友関係も調べます。マッキンゼー中興の祖、マービン・バウワーと伝説の広告人オグルヴィは交友があったという具合に、一流の人は一流の人とつき合いがあり、それは単なる酒飲み仲間ということではありません。必ず本業でもかかわっているので、新たな発見があるのです。

アマゾンのリンクだけに頼り、「好きな本、人気ジャンルの本しか読まない」というのでは"たこつぼ化"を招き、危険です。これはネットワークの罠の一つです。同じジャンルの本、同じ人の本だけずっと読んでいたら進歩がなくなってしまいます。

◉ 書店での「20ページの立ち読み」が差をつける

僕が書店に足を運ぶ頻度は週二、三回くらい。滞在時間は一〜二時間です。なぜそんなに長いかというと、立ち読みして吟味しているから。次の予定がなければ、一回につき五

〜十冊は購入します。もっと買いたいところですが荷物になることを考え、このくらいで我慢しています。

まずチェックするのは新刊台。そこには「この本を売りたい」という書店さんの提案もあるのでひととおり見ます。お店によって違いが出るので、客層もわかって面白いところ。ワゴンで売られている本、多面展開している本も確認します。

次にビジネス書コーナーに行き、平積みになっているビジネス書の新刊、話題書を見ます。気になったら、手に取って、パラパラ立ち読みして、どういうコンセプトなのかを確認します。極論を言うと、べつに面白くなくていい。「どういうコンセプトでどういう人が書いているのか」がわかるだけでも勉強になります。

立ち読みは主に、本の初めのほうに注力します。いい本は前書きか第一章に必ず面白いことが書いてあるものです。

たとえば、経営の名著『**小倉昌男　経営学**』（小倉昌男著、日経BP社、1999）の20ページにはこう書いてあります。

社長に就任した私は、ターゲットを商業貨物市場から個人宅配市場へと切り替え、多角化とは反対にたったひとつのサービスに絞ることで、危機を乗り切ろうと考えた。ヒントは「牛丼」一本のメニューでヒットした「吉野家」の記事だった。けれども、集配効率が悪いため郵便局だけが独占する個人宅配市場にどう切り込むか。全国規模の集配ネットワークを築けばよいと仮説を立てた私は、視察に訪れたマンハッタンの街角で活躍するＵＰＳの集配車を見て、成功を確信した。（同書Ｐ20）

この本の肝、いやクロネコヤマトの肝がズバリと書いてある。この本は20ページが該当箇所ですが、前書きに発見があれば、一読する価値がある本といえます。

『成功はゴミ箱の中に　レイ・クロック自伝　世界一、億万長者を生んだ男』（レイ・Ａ・クロック　ロバート・アンダーソン著、プレジデント社、２００７）も『小倉昌男　経営学』と似たタイプの卓越した経営アイデア本ですが、やはり最初のほうにすごいことが書いてあります。レイ・クロックが行列に並んでマクドナルドの可能性を見極めた瞬間です。

「それじゃじきにわかるよ。一五セントにしては最高のハンバーガーが食えるのさ。待たされてイライラすることもないし、チップをねだるウエートレスもいない」

（行列に並んでいた男の話・同書P18）

「その夜のディナーで、ふたりが話してくれたビジネスモデルは、シンプルで、実に効果的で、大いに感銘を受けた。メニューを最小限に絞っているので、作業効率が非常によいこと……ハンバーガーのメニューはたった二種類で、ハンバーガーとチーズバーガーだけだ」

（マクドナルド兄弟との会話・同書P20）

「普通の人は、フライドポテトにとりたてて関心など持たない。ハンバーガーや、ミルクシェイクを口にする間の、間に合わせのような存在、それがフライドポテトというものだ。しかしマクドナルド兄弟のポテトは別格だ。ふたりはフライドポテトにあふれんばかりの情熱を注いでいたのである」

（同書P23）

マクドナルドを世界的チェーンにした男が、拡大可能なビジネスをどう見極めているか、その要諦が学べるエピソードです。これを読んだら、誰だってこの本が「買い」だとわかるはずです。

そんなわけで僕のお勧めは、書店に行って立ち読みしてから買う習慣も失わないこと。二〇ページパラパラめくるだけで、損をしない確率は驚くほど高まります。

◉ 新刊や話題書は「四つの指標」で選ぶ

新刊台にある〝新しい本〟を立ち読みし、視点が新しかったらもう「買い」。次に、ビジネス書の「マーケティング、投資、自己啓発、人事」などなど、ジャンル別の棚を見ていきます。棚の下に平積みになっているのが新しい本なので、そこを中心にチェック。

投資やマーケティングはとくに時流を読むべきジャンル。移り変わるものは何をおいても指標を見るのが大切です。著者の目のつけどころが秀逸な『**ウォールストリート・ジャーナル式経済指標読み方のルール**』（サイモン・コンスタブル ロバート・E・ライト著、かんき出版、2011）の11ページで紹介されている「四つの基準」を応用しましょう。

・タイムリーである
・信頼できる
・有名すぎない

・実用的である

すべてのビジネス書は陳腐化する性質を持っていますから、マーケティングや投資に限らず、この指標で選ぶといいでしょう。

◉掘り出し物の見つけ方①――設定が間違っている本を探す

新刊台には乗ってこないという時点で、その本の振り子はメジャーよりマイナーに振れています。ジャンル別の棚の平台で違和感を感じたら、もう手に取るしかありません。

たとえば少し前の僕の掘り出し物は、２１２ページでもご紹介した『**魅きよせるブランドをつくる７つの条件**』。個人のブランディングにこそ使えるノウハウが書かれている良書ですが、書名に「ブランド」とある時点で、広告関係者やブランディングが大切な会社に勤めている人しか買わない。装丁もデザイン性が高く、買う人はさらに限定されるでしょう。一目見ただけで「都心のマーケティングコーナーにしか置かれない本」と感じるほどです。

本の売れ行きを気にする出版社には失礼ですが、これはアドバンテージが取れる掘り出し物。「売れるための設定」が間違っているので、みんながいい本だと気づかないのです。中身が良くても、タイトルづけ、装幀といった〝設定〟が間違っていると本は売れない。

個人的にも大好きで、実際にすごくいい本だから推薦をしている『デイヴィッド・オグルヴィ 広告を変えた男』も、若干設定が間違っています。厚さが気にならない面白さなのに「広告マン」として売り出したところがもったいない。オグルヴィは広告のジャンルを超える存在なのに、タイトルに〝広告〟とついた時点で専門書コーナーに並んでしまうのです。原題は「THE KING OF MADISON AVENUE」。ウォールストリートと違って「マジソンアベニュー＝広告街」とすぐにわかる日本人は少ないのですから、邦題はいっそ〝起業家〟にしたほうが良かったのかもしれません。

広告の本はいいものが多いのに、たいてい売れていません。198ページで紹介した『案本』や、195ページで取り上げた『広告コピーってこう書くんだ！読本』が売れたのは、かなりの例外です。見方を変えれば、掘り出し物を探すのに専門書コーナーは必見。人も少ないのでじっくり立ち読みすることもできます。

◉ 掘り出し物の見つけ方②——タイトルと装丁が悪い本を買う

前出の『格安航空会社の企業経営テクニック』と同じタイプだと思うのが、『**自己開示の心理学的研究**』（榎本博明著、北大路書房、1997）。これもなかなかに地味な掘り出し物で、タイトルどおり、自己開示の効果が書かれています。

母親に対する自己開示度は、父親に対するそれよりも高い。同性の友人に対する自己開示度は、異性の友人に対するそれよりも高い。友人（同性・異性とも）に対する自己開示度は年齢とともに増加する。（同書P112）

父親は中学生までは母親に次いで2番めに自己開示を受けやすい相手であるのに対して、高校生になると友人（同性・異性とも）に逆転されて、自己開示を最も受けにくい相手となる。（同書P113）

このように、内容も面白いし、ビジネスの対人関係にもすぐに使えるアイデアが書いてあるのに、どう見ても誰も手にとらないようなつくり。心理関係の専門書コーナーにしか並べられないタイトルだし、装幀は一五年近く前ということを差し引いても古めかしい。しかし、そこがたまらなくいいのです。

地味な本。装幀もタイトルもよくわからない。値段も高い。

これは「売れないけれど、掘り出し物としては最高」という本がもつ三つの条件です。忌憚なくもう一冊例を挙げると、**『カテゴリー・イノベーション　ブランド・レレバンスで戦わずして勝つ』**（デービッド・A．アーカー著、日本経済新聞出版社、２０１１）も、文句なく掘り出し物の条件を満たす本。「イノベーションによって新規カテゴリーをつくれ。そうすればライバルをチープ化できる」というメッセージは的を射ているし、勉強になります。著者はブランド論の第一人者です。それでもこの本は売れていません。だからこそ密かに見つけて読めば、アドバンテージがとれます。

掘り出し物は、パラパラ読んで、使えるかどうかの判断を自分でするしかありません。たいていの掘り出し物はタイトルと装丁ではずしていますが、見た目が悪くても中身がいい本は必ずあります。人も本も、見かけだけで判断してはいけないということです。

値段が高くてみんなが買わない本も、掘り出し物の可能性が高い。二〇〇〇円を超えると買う人は限られる、その時点でアドバンテージです。『**コトラー&ケラーのマーケティング・マネジメント 第12版**』（フィリップ・コトラー ケビン・レーン・ケラー著、ピアソン・エデュケーション、２００８）の税抜き定価は八五〇〇円。高いといえば高いですが、枝葉の亜流本を三冊買うならこの一冊を買うのが絶対にトクです。八五〇〇円をケチるかケチらないかで差がつくなら、安い投資ではありませんか。それに、アメリカの教科書はカラー写真入りで図鑑のように楽しめるので、じつは分厚いほうが重宝します。特に海外のビジネス事例やマーケティング事例は写真入りでないと理解が難しい。ぜひだまされたと思って読んでみてください。

僕の本の選び方のもう一つの基準は「編集者で買う」。編集者の名前は必ず出ているとは限らないので、一般的な方法ではないと思いますが、「この人が作る本なら間違いない」という編集者は何人かいます。しかし、そうした人の本は〝メジャーになるツボ〟も押さえられているので、掘り出し物という意味では役に立たないもどかしさがあります。

僕が最近読んで勉強になったと感じる本に、『**予測力 「最初の2秒」で優位に立つ！**』（ケビン・メイニー ヴィヴェック・ラナディヴェ著、朝日新聞出版、２０１２）があります。同書によると、人は事実をありのままに受け止めるのではなく、何をするにしても先に予測している。誰かと話すなら「この人はこう話すだろう」と予測しているということです。実際に話してみて予測を裏切られたとき、人ははじめて学習モードに入ります。つまり関心をもってもらうには、予測を裏切らなければならないのです。

できる編集者は、これが抜群にうまい。タイトルが本質とかけ離れると〝残念なベストセラー〟になりますが、意外性で関心を引いて期待もさせ、予想以上にいい内容だと〝よいベストセラー〟になります。そこを見抜いてアドバンテージを取れる本を買おうというのですから、なかなか高度なゲームです。

◉ 掘り出し物の見つけ方③——滅多に行かない場所で書店をのぞく、人に聞く

『土の文明史　ローマ帝国、マヤ文明を滅ぼし、米国、中国を衰退させる土の話』（デイビッド・モントゴメリー著、築地書館、2010）は、講演で東京農業大学に行ったときに生協で見つけた本です。農大の生協だけに普通の書店には置いていないような農業ビジネスに関する本、バイオテクノロジーの本も揃えてあり、値段も見ずに何冊か買ってきました。ネットでいつでも買えるかもしれませんが、出会いを逃したらもう手に入らない。見つから

ないし、見つけようとしなくなってしまいます。僕は地方出張の際も、必ずそこで出会った本を買ってくるようにしています。

このように、滅多に行かない場所での出会いが、新たなジャンルを発見させてくれます。会社のそば、ターミナル駅など〝定番書店〟はもつべきですが、時には行動を変えてみると新たな出会いがあります。

僕は、よく知らないジャンルの人に会ったとき、お勧めの本を聞くようにしています。「あなたの業界でバイブルみたいな本は何ですか?」と尋ねると、たいてい意外な答えが返ってきます。問題点や愚痴が世間話で出たら、「ああ、医者はこういうところで悩むのか」と受け、「じゃ、それに関してお医者さんは、どういう本を読んでるんでしょう?」と尋ねることもよくやります。ポロッと出たらその本を買ってみて、よさそうだったら周辺を芋づる式に買っていく。芋だけに、掘り出し物が見つかります。

◉翻訳書は著者と訳者で選ぶ

トレンドの翻訳書を選ぶには、著者を知っていることが大事です。優秀な著者が書いていたら、まず外すことはありません。ある程度読まないと著者に関する知識はつかないので、しばらくは「読むしかない」という修業も必要でしょう。

翻訳書に関しては、訳者で選ぶこともあります。青木薫さんは好きな翻訳家の一人。『暗号解読　ロゼッタストーンから量子暗号まで』（サイモン・シン著、新潮社、2001）、おなじくサイモン・シンの『フェルマーの最終定理　ピュタゴラスに始まり、ワイルズが証明するまで』（新潮社、2000）の訳は素晴らしい。青木さん自身が京都大学理学部卒の理学博士なので、著者を選ぶ目もあるのでしょう。

もう一人挙げるとすると、『スティーブ・ジョブズⅠ・Ⅱ』『スティーブ・ジョブズ　驚異のプレゼン　人々を惹きつける18の法則』（カーマイン・ガロ著、日経BP社、2010）など、一連のアップル本を訳している井口耕二さん。IT関連の書籍を訳させたらピカイチの方で、最近では『リーン・スタートアップ』（エリック・リース著、日経BP社、2012）を訳しており、こちらも好調な売れ行きのようです。

戦略的に読め！　ビジネス書のニッチな読み方

本を読むとき、僕が使うのは赤ペンだけ。オフィスや自宅にある膨大な本のうち、付箋がついたものはほとんどありません。

線を引くのは、あとから見直すためでもありますが、それはあくまでサブ的な目的。赤ペンの主目的は、自分が記憶することにあります。

「記憶しなくても、いつでも情報にアクセスできるようにしておけばいい。クラウド上にメモをしておくと便利だ」といった話はたくさんあります。やりたい人はやればいいと思いますが、セミナーのノートと同じで、後で見返さない、使わないのであれば「まったくの無意味」です。人間は、記憶したものを組み合わせてしかものを考えられません。ひらめき、アイデア、新しい発想や戦略のヒントは、すべて脳に記憶した情報の中から生まれてくると僕は固く信じています。

赤ペンで線を引きながら本を読んだあと、社員に話す、打ち合わせや講演で話す、家族や友人に話す、テレビで話す。メルマガを書いたり、セミナーの資料にしたり、いろいろ使います。すると記憶が安定し、本の情報が新たな発想をする材料となります。

読みながら思考することも多くあります。定番書の読み方は第三章でかなり紹介しました。では、アドバンテージをとるニッチな読み方とはどのようなものか？　いくつか紹介しておきましょう。

◉収入か費用か運用かを考えて読む

橘玲さんが『お金持ちになれる黄金の羽根の拾い方　知的人生設計入門』（幻冬舎、2002）で、［収入－費用］×運用＝自分に残ったもの」という考え方を紹介しています。これはお金についての方程式ですが、本の読み方にも応用することができます。

「今、三つのうちのどの部分でこの本を読んでいるのか」と冷静に意識するのです。収入を増やすためにアイデアを読んでいるのか。費用を減らすためにアイデアを読んでいるのか。それとも運用をする新たなアイデアを読んでいるのか。

この中でいちばんインパクトが大きいのは、方程式を見たらわかるとおり収入。次が費用で、運用というのは実は最下位です。豊かになりたかったら、まず収入を増やしたほうがいい。その意味でも、自分の基礎となる定番書を読むことが役に立ちます。

◉書き手の立場に立って読む

どんな本でも、「著者はどういう意図でこう書いているのか？」と書き手の立場に立って読むと深い読書ができます。一章で紹介した松下幸之助『道は開ける』の解釈も、この手法で編み出したものです。偉大な人の自己啓発書でそれをやるととくに面白いでしょう。福沢諭吉の『**学問のすゝめ**』（岩波文庫、１９４８）は、僕が好きな本。

学問をするには分限を知ること肝要なり。人の天然生れ附は、繋がれず縛られず、一人前の男は男、一人前の女は女にて、自由自在なる者なれども、ただ自由自在とのみ唱えて分限を知らざれば我儘放蕩に陥ること多し。即ちその分限とは、天の道理に基づき人の情に従い、他人の妨げをなさずして我一身の自由を達することなり。

（同書Ｐ13）

天の道理と人の情けを知ること。この二つを知ればだいたいうまくいくと、福沢諭吉は書いています。決して動かない、人がコントロールできないところで働く物理法則の存在を認め、それと同等に物事を動かしている人の情けを学ぶ……。たしかに真理を突いていると感じます。だからこそ僕は、心理学の本や理に関する学者が書いている研究本を読むことは大事だと考えています。もののたとえ、比較、明快さ、どこから見ても、『学問のすゝめ』は名著です。

ところがこの本を「来たれ慶應義塾大学！　入学キャンペーン実施中」として読むこともできるから愉快です。

天は人の上に人を造らず人の下に人を造らずと言えり。（同書P11）

されば賢人と愚人との別は、学ぶと学ばざるとに由って出来るものなり。（同書P11）

「人間は平等だけれど、学ばなかったらバカになる。だから慶應に入りなさい」

これほどの説得力を備えたセールストークは、なかなかありません。

貧富強弱の有様は、天然の約束に非ず、人の勉と不勉とに由って移り変るべきものにて、今日の愚人も明日は智者となるべく、昔年の富強も今世の貧弱となるべし。
（同書P28）

これは先にも紹介した『「超」入門　失敗の本質』とも重なるメッセージです。学ばなければ、今日の勝者は明日の敗者になるかもしれない。いつ読んでも、学ぶことの大切さを痛感させられる本です。

◉悪文で読みにくい本を読みこなす

本当に役立つ本と、いわゆる〝いい本〟が異なることはままあります。本当に役立つ本の多くが掘り出し物となる要因には、ぶっちゃけ「文章がひどい」というケースもあるのです。

まずは書店で立ち読みしたとき、「これはいいこと書いてあるな」という部分を見つけるまでは、読みにくくても悪文でも耐えながら読みます。二〇ページほどならなんとかなるでしょう。問題はここから先。ためになるけど分厚くて文章がひどい本を読むのは、普通なら相当な苦痛です。

そこで、悪文を苦にしない読み方をマスターしなければなりません。ポイントは、「固有名詞・数詞・動詞」しか見ないこと。読みにくい文章を書く人というのは、助詞や助動詞の使い方が下手です。そこはもう、無視してあきらめるしかありません。

極端にいえば「マクドナルド・二〇〇〇年・何をやった・売上いくら」の要領で、その間の文章を全部すっ飛ばす勢いで読んでみましょう。これは洋書を読むテクニックでもあります。これはギリシャに留学中、英語の文献を大量に読んでいたときに発見した読み方で、速読にも役立ちます。翻訳書であれば、思い切ってこの方法で原書を読んでしまうという技もアリでしょう。

読みやすくて面白いビジネス書というのは、化粧が抜群にうまい女性に似たところがあります。優秀な著者や編集者は、タイトルや装幀はもちろんのこと、文章まで練りに練って〝その本の本当の実力よりはるかにいい本〟につくりあげることがあるのです。そのスキルは認めつつ、「やっぱり素朴な美人がいい」と思うのは僕だけではないでしょう。悪文でいいことが書いてある本とは、「眼鏡を外すと美人」という古典的な漫画のヒロインのようなものかもしれません。

◉ ディテールにこだわって読む

本来の用途と違うところで本を読む。その方法の一つに、ディテール重視で読むという方法があります。その本の主張やストーリーと関係ないところに注目する読み方です。

たとえば、コミュニケーションに大切な具現性のある表現方法を、コミュニケーションとはまったく関係がない大ベストセラー『**だから、あなたも生きぬいて**』（大平光代著、講談社、２０００）を使って学ぶこともできます。著者は中学で壮絶ないじめを体験し、自殺未遂。一六歳でヤクザと結婚。その悲惨な体験を乗り越えて弁護士になったというノンフィクションです。目を背けたくなるような話が多いのに、すさまじく具体的だから面白いという画期的な本です。そして、ストーリー以外に何がすごいかと言えば、情景描写が手にとるようにリアルなところです。

ゴミくずと一緒に、真っ二つに割られた筆箱と、その中に入っていたシャープペンシル、消しゴム、赤ペンとお守りが捨てられていた。

（同書P25）

このディテールの積み重ねが、読む人の共感を呼びます。頭ではなく心に伝わるのです。「筆箱が割られ、お守りと一緒にゴミ箱に捨てられていた」、要点を書けばこうなるでしょう。しかし「シャープペンシル、消しゴム、赤ペン」というディテールがあることで、情景がまざまざと浮かび上がります。

「おっちゃん。メロンパン一つちょうだい。それとコーヒー牛乳も」

（同書P26）

このように固有名詞を使うこともリアリティを増す表現法。セリフにしてあることで、さらに臨場感が出ます。もうひとつ面白いのは、視点が変わること。同じ状況をいろんな角度から表現するやり方です。

「バシャー」という音とともに水が降ってきた。「キャ〜」バケツ一杯分もあろうかという分量の水を頭からかぶった私は、びしょ濡れになった。（同書P29）

ここでの視点は「自分」。ところが次の表現では客観視に変わります。

トイレの手洗い場まで来て鏡を見た。そこにはみじめな自分の姿が映っていた。（同書P29）

さらにこのあと、まわりの人間についての描写も入ってきます。

「べんじょ、べんじょ、これからこいつのこと、べんじょと呼ぼうか」（同書P30）

数字の使い方についても勉強になります。彼女はいじめがつらくて学校を休もうとするのですが、母親に仮病を見抜かれてしまいます。

「風邪やねん。熱もあるし」

母は、救急箱から体温計を取り出し、私のわきにはさんだ。

「三十五度六分しかないやんか」

（同書P33）


「理解してほしい、愛情を注いでほしい」という溢れ出す母への感情に、体温計の数字という〝杓子定規なもの〟を対比させているところが、孤独を際立たせます。小説でも同じ読み方ができると思いますが、感動ノンフィクションならではのリアリティを利用して、ディテール重視の読み方を試してみましょう。

◉「好き」をビジネスに役立てる

「実務の役に立たない本はビジネス書とは呼べない」と書いてきましたし、「ファンタジーに惑わされるな」というメッセージも発しました。しかし、「個人的に好きなだけで役に立たないだろう」と思う本からも、ビジネスのヒントは見つかります。

たとえば僕が好きな塩野七生さんの本のなかでも、一番好きなのは『**海の都の物語**

ヴェネツィア共和国の一千年　1〜6』（塩野七生著、新潮文庫、２００９）。理由はなぜかと言えば、一番人気がある『**ローマ人の物語ー　ローマは一日にして成らず**』（新潮社、1992）は、日本に即していないと思うのに比べ、この本は〝使える〟から。

覇権国であるローマは、現在でいうならアメリカ。日本とは違います。その点、ヴェネツィアは商人が活躍した島国。自分なりの核を持って、ネットワークで食べていく国をモデルにしたほうが、日本人である僕には絶対に役立ちます。ヴェネツィアの国として生き残る戦略は、今の韓国のビジネス戦略にも似ています。「クールコリア」を打ち出し、文化とビジネスの両方で攻めていく。日本ももっとこれをやるべきなのに、うかうかしていては韓国との差がもっと開いてしまいます。

このように「好きで面白い」という本の中から、自分、自分のビジネス、自分の属する社会に共通点があるものを戦略として読んでみてはどうでしょう。その際には、ゆめゆめファンタジーに溺れないことです。

◉ 現象を先読みするためのベストセラー

僕の場合、ベストセラーは必ず読みます。しかし、それを学ぼうとは思いません。その先に何が起こるか、現象を先読みするために読んでいます。

『金持ち父さん貧乏父さん』が社会に影響を与えたことは前述のとおりですが、問題は投資に興味をもった多くの人が向かった先がＦＸ（Foreign Exchange：外国為替証拠金取引）だったこと。本が売れた後、空前のＦＸブームになってきたので、僕は次のように先読みしました。

「ＦＸは確率論で丁半だから、ほとんどの人は負けるだろう。負けたら素人が泣きつく先はサラ金だろうな。サラ金で借りれば首が回らなくなり、自己破産させるための弁護士が儲かるのか」

残念ながら、実際にそのとおりになりました。誰でも儲かるという本は危ないし、ベストセラーになった時点で参入過多。先を読むための材料くらいの距離を置いて、ベストセラーを読みましょう。

付録

人生の定番本をつくろう
――土井英司が「著者買い」する11人

すべてのビジネス書は時代に連動しています。時がくれば陳腐化する"生ものの知恵"といえます。それなのに〝人生の定番本〟と呼べる一冊が見つかるのは、とても幸せなこと。人生の定番本は、実務家として生きるにはこのうえなく頼りになります。

僕にとって、**『ビジネスマンの父より息子への30通の手紙』**（キングスレイ・ウォード著、新潮文庫、1987）が、まさにそれ。冒頭にあるチャールズ・ダッドレーの「もっと大きくなれるのに、何と小さな俗物《ポテト》であることよ」も大好きな言葉です。

迷ったとき、新しいことを始めるとき、落ち込んだとき、ヒントが欲しいとき、いろいろな読み方ができる大切で特別な本です。僕の本を読んでくれた方、僕と話したことがある方なら、「またか」と思うほど、繰り返し紹介してきた本です。

「またか」でいいと僕は思っています。何度となく繰り返して読める〝人生の定番本〟があることは、頼れるし裏切らない友だちができるようなもの。就活でも転職でも、「自分の言葉で語れる本」があるというのは強みになります。

そんな本を見つける万能の方法などありません。ひたすら読み、出会うしかありません。それでも、「この著者なら文句なく買う」という人がいると、出会う確率は高まります。これまたリアルにいえば、ビジネス書を買って損をする確率も減ります。

参考までに、僕が著者買いする11人のリストを本書の付録として付けます。みなさんの定番本発見のヒントになれば幸いです。

①ビジネスヒント満載の鋭い視点――アル・ライズ

書くものがストイック。視点や言葉が鋭く、名言のオンパレード。論旨はシンプルで刺激がある。それでいて実務に役立つ。

マーケティングの第一人者、アル・ライズの本が出れば、僕はまず買います。一番好きなのは、**『ポジショニング戦略』**（海と月社、２００８）。次点が２１９ページでも紹介した『フォーカス！』。たとえば、企業がフォーカスを失ったらしくじるという話も、印象的な言葉で綴られています。

ブランドとは、大きな獲物をしとめるための狩猟許可証ではない。カットして磨いていくダイヤモンドだ。（同書P31）

彼の本を読んでいると「格好いい会社をつくりたい」と刺激されるし、そのためにはどうすればいいかの戦略を学ぶこともできます。ジャック・トラウトとの共著『**売れるもマーケ当たるもマーケ　マーケティング22の法則**』（東急エージェンシー出版部、1994）もアル・ライズらしい本といえるでしょう。

②シンパシーを覚えるアジテーター――ガイ・カワサキ

共通点があるというのも、その著者に惹かれるか否かを握る鍵。雰囲気のいい自己啓発よりの人より中身がある実務家を好むのは、僕が基本的にはリアリストだからでしょう。著者買いする人ナンバー2は、自分とちょっと似ていてシンパシーも感じるガイ・カワサキ。彼はアップル出身で、僕はアマゾン出身。どちらも宣伝が得意なアジテーターだと思っており、主張も非常に良く似ています。直近のおすすめは212ページでも紹介した『**人を魅了する**』。彼にしか書けないことが書かれている一冊です。『**完全網羅　起業成功マニュアル**』（海と月社、2009）はちょっと地味な本ですが、これまた中身は確か。

③戒めてくれるメンター――クレイトン・クリステンセン

著者を複数メンターに持つなら、そのなかに一人、自分を戒めてくれる人物を持っておきたいもの。クレイトン・クリステンセンはハーバード・ビジネス・スクールの看板教授で、ビジネス界に多大な影響をもたらした人物。なかでも名著の誉れ高い『**イノベーションのジレンマ　技術革新が巨大企業を滅ぼすとき　増補改訂版**』（2000、翔泳社）は必読です。ビジネスは、頑張っていればそれだけで成功するほど甘いものではありません。

すぐれた経営こそが、業界リーダーの座を失った最大の理由である。これらの企業は、顧客の意見に耳を傾け、顧客が求める製品を増産し、改良するために新技術に積極的に投資したからこそ、市場の動向を注意深く調査し、システマティックに最も収益率の高そうなイノベーションに投資配分したからこそ、リーダーの地位を失ったのだ。

（同書P5）

二〇一二年一月に出た『**イノベーションのDNA　破壊的イノベータの5つのスキル**』（翔泳社）では、実行力で選ばれた人材が最高経営層を占めることにより企業の「発見力」が失われるという弊害を説いています。

④経営者の必読書──ジェームズ・C・コリンズ

経営コンサルタントであり、経営書ながらミリオンセラーとなった『ビジョナリーカンパニー』シリーズの著者。丹念な調査に基づき執筆する誠実な姿勢と、行間ににじみ出るロマンチストぶりが気に入っています。**『ビジョナリーカンパニー　時代を超える生存の原則』**（ジェームズ・C・コリンズ、リー・I・ポラス共著、日経BP社、1995）はサイバーエージェントの藤田晋さんもおすすめしていた一冊。**『ビジョナリーカンパニー2　飛躍の法則』**（日経BP社、2001）は僕のお気に入りです。この本のなかで紹介されている「だれをバスに乗せるか」は、不確実な時代の経営のヒントになると思います。

「『何をすべきか』ではなく『だれを選ぶか』からはじめれば、環境の変化に適応しやすくなる」（同書P66）

「適切な人たちがバスに乗っているのであれば、動機付けの問題や管理の問題はほぼなくなる」（同書P66）

企業の衰退の原因をまとめた**『ビジョナリーカンパニー3』**（日経BP社、2010）は、ちょっと地味な印象ですが、経営者なら三冊とも読んでおきたいところです。

⑤ウォールストリート出身のストーリーテラー――マイケル・ルイス

もともと金融業界にいた人にしか、決して書けないリアリティ。エンタテインメントとして読める抜群のストーリー性。実際に見てきたものだからこそ、臨場感がひと味違う本になるのでしょう。マイケル・ルイスの著作も、出れば買って損なしです。

僕のナンバーワンは**『ライアーズ・ポーカー』**（パンローリング、2005）。ソロモン・ブラザーズ内部のノンフィクション人間劇で、これがじつに面白い。何事も真実を知るには、裏側を見る必要があると思っていますが、本書では、金融商品を扱う人々の裏側・本音を赤裸々に暴いています。客がいかにリスクを負わされ、ババを引かされているのかがよくわかる内容。「儲けのツボ」や人生訓なども書かれている名著です。

もう一冊、**『マネー・ボール』**（武田ランダムハウスジャパン、2006）は、ブラッド・ピット主演の映画にもなった話題作。メジャーリーグの貧乏球団アスレチックスが、どうやって少ない年俸（ヤンキースの三分の一！）で三年連続プレーオフ進出、年俸最高額のヤンキースを追い詰めることができたのか、その戦略がわかるノンフィクションです。

⑥ビジネスヒントの宝庫――ダニエル・ピンク

常に時代を先取りし、新しいコンセプトを打ち出し続ける作家、ダニエル・ピンク。ノマドブームに先行して出された『**フリーエージェント社会の到来「雇われない生き方」は何を変えるか**』（ダイヤモンド社、2002）、大前研一さん翻訳で話題となった『**ハイ・コンセプト「新しいこと」を考え出す人の時代**』（三笠書房、2006）、行き詰まった成果主義を見直すきっかけとなった『**モチベーション3・0 持続する「やる気！」をいかに引き出すか**』（講談社、2010）などが代表作です。『モチベーション3・0』のなかで、ピンクはこんな指摘をしています（土井注：「アルゴリズム」とは、段階的手法またはルーチンワーク。「ヒューリスティック」とは、発見的方法をいう）。

ハーバード・ビジネススクールのテレサ・アマビルなどの研究者は、外的な報酬と罰――つまりアメとムチ――は、アルゴリズム的な仕事には効果を発揮するが、ヒュー

リスティックな仕事には、むしろマイナスに作用するおそれがあると気づいた。（同書P57）

創造性が求められる時代のモチベーションのあり方を考えさせてくれる一冊。ピンクの著作は、つねに時代に応じた課題を投げてくれる＝ビジネスヒントの宝庫なのです。

⑦経営の賢人——エイドリアン・スライウォツキー

「経営に関する世界の六賢人」（「インダストリー・ウィーク」誌）に選ばれたコンサルタント。日米でベストセラーとなった『ザ・プロフィット』以外、ほぼ日本では知られていませんが、じつは著作がたくさんあり、そのいずれもが役に立ちます。

僕のお薦めは、149ページで紹介した『ザ・プロフィット』ですが、**『伸びない市場で稼ぐ！　成熟市場の2ケタ成長戦略』**（エイドリアン・スライウォツキー　リチャード・ワイズ共著、日本経済新聞出版社、2004）も成熟産業で行き詰まった企業におすすめの内容です。「独自の顧客アクセス、技術的なノウハウ、製品の普及数、市場に開かれた窓、人間関係のネットワーク、派生情報、忠実なユーザー・コミュニティー」など、隠れた資産を活用してさらなる成長をもたらす方法を説いています。

⑧ビジネスパーソンのための歴史の語り部――塩野七生

言わずと知れた塩野七生さんは、前述した『海の都の物語』や『ローマ人の物語』『十字軍物語』『わが友マキアヴェッリ』『マキアヴェッリ語録』など、ヨーロッパの歴史を書いた名著で知られる人気作家。カエサルはじめ、英雄をこよなく愛する著者の視線が、どの作品にも生きています。ともすれば冗長になりがちな歴史を、ヒーローという軸で描くから、楽しく読める。戦略や政治、人間の動機などを交えて描かれるから、経営者が読んでもためになるのです。

僕が好きな『海の都の物語』1巻第一話「ヴェネツィア誕生」から引用します。

「塩と魚しかなく、土台固めの木材さえ輸入しなければならなかったヴェネツィア人には、自給自足の概念は、はじめからなかったにちがいない。しかし、この自給自足の概念の完全な欠如こそ、ヴェネツィアが海洋国家として大を為すことになる最大の要因であった」

（同書P66）

この国がこれから発展する予感と、崩壊する予感。同時に感じさせてくれるのが、塩野さん流です。経営者にファンが多いのもうなずけますね。

⑨日本が誇る知の巨人――梅棹忠夫

国立民族学博物館の初代館長を務めた「知の巨人」。すでにお亡くなりになっており、遺稿からしか新刊は望めませんが、多数の著作があり、かつ名著ぞろいです。大ベストセラーとなったアルビン・トフラーの『第三の波』に先駆けて情報化社会の到来を予言し、まとめた『情報の文明学』は、大学時代にむさぼり読んだ記憶があります。「農業の時代」「工業の時代」「精神産業の時代」という産業の流れを、発生学の概念を用いて説明した部分は、本当に目からうろこが落ちました。

ほかにも、情報産業における価格決定理論として、「お布施の原理」を挙げたり、多品種少量生産の時代を予言したり、さまざまな見解を示しています。ちなみに、そんな氏の知的生産術を示したのが、**『知的生産の技術』**（岩波新書、1969）。今でも古さを感じさせない、アイデア管理のノウハウが詰まった名著です。

⑩豊かで潔い人生設計の達人――本多静六

四〇歳にして一〇〇億円余りの資産を築き上げた明治の大富豪で、多数の著作を残した本多静六。故人ながら今でも改訂版が出たり再編集されたりして、新刊が出ています。いまの明治神宮や日比谷公園をつくり、国立公園の生みの親と言われ、渋沢栄一をはじめとする実業家たちとも交流のあった人物です。

もっとも有名なのは、昭和二十五年に実業之日本社から刊行された『**私の財産告白**』（新装版2005年刊）ですが、僕のお気に入りは、これと昭和五十三年刊『**人生設計の秘訣 幸福・成功**』（実業之日本社）、昭和二十六年刊『**私の生活流儀**』（※『私の生活流儀〈新装版〉』として新装版2005年刊）を一冊にまとめて再編集した『**人生と財産　私の財産告白**』（日本経営合理化協会出版局、2000）です。給料の四分の一を貯蓄する方法、学問や仕事に対する姿勢、そして本多流の人生設計。なかでも人生設計の方法は必読で、人生の長期計画を立てる際には、きっと役立つ内容です。

⑪本物の経営の神様――松下幸之助

パナソニックの創業者で、「経営の神様」と言われた松下幸之助。以前、京都にあるPHP研究所本社の資料室にお邪魔したところ、大量の講演テープと口述筆記を発見しました。そう、松下幸之助は、その気になればこれからもどんどん新刊が出せるほど資料があるのです。

そのなかでもお薦めは、冒頭31ページでも登場した、一九六八年の出版以来ロングセラーとなっている『道をひらく』です。もともと、PHP研究所の機関誌「PHP」の裏表紙に掲載していた短文のなかから選りすぐりの百二十一編をまとめたもので、今も人生の教科書として多くの読者に愛されています。

「素直さを失ったとき、逆境は卑屈を生み、順境は自惚《うぬぼれ》を生む」　（同書P13）

「不平や不満で心を暗くする前に、縁のあったことを謙虚に喜びあい、その喜びの心で、誠意と熱意をもって、おたがいのつながりをさらに強めてゆきたい」　（同書P57）

「嵐のときほど、協力が尊ばれるときはない。うろたえては、この協力がこわされる。だから、揺れることを恐れるよりも、協力がこわされることを恐れたほうがいい」

（同書P85）

いずれも、今の時代にこそ、求められているメッセージ。逆境に強かった幸之助の言葉は、転換期にあるわれわれの胸に響いてきます。

この『道をひらく』のほかには、幸之助にしては厳しい論調の『指導者の条件』（PHP研究所、新装版2006刊）や、幸之助の半生を書いた『私の行き方考え方─わが半生の記録』（PHP研究所、1986）がお薦めです。

あとがき

大学生の頃、僕は「フレームワーク人間」でした。

すぐに陳腐化する知識を嫌い、世界中で使える英語や経営理論、歴史、哲学、科学など、いつまでも使える、汎用性のある知識だけを求めていたのです。

日々の新聞の情報も、どうせ陳腐化するからチェックしない。友達と話をしていても、いつも「あるべき論」に終始していた記憶があります。

そんな僕が変わったのは、大学四年の頃、ギリシャへの留学でした。親切にしてくれた現地のギリシャ人と話したい一心で、ギリシャ以外ではまったく使えない「現代ギリシャ語」を学んだところ、アテネの人々に、あたたかく迎え入れてもらえたのです。

そのおかげでたくさん友達ができ、普通の旅行客では決して得られない、数多くの体験をすることができました。このとき、僕は「具体的に学ぶ」ことの重要性を知ったのです。

帰国後、入社したゲーム会社では、Aさんという先輩に会いました。Aさんは、地方のゲームセンターで働く割には高学歴だったせいか、気位の高さが目につきました。

「なんで自腹を切ってまでゲームしなきゃいけないの？　そういうのは会社が負担するものでしょ」

会議でそう訴えるAさんに、上司は「自腹を切らなきゃお金を払う人の気持ちはわからないだろ」と返すのですが、Aさんは、結局、最後まで自腹を切ってゲームをすることはありませんでした。Aさんの店の売上げは、いつも昨年対比で八〇％を切っていた記憶があります。

このゲーム会社で成果を出していた先輩たちは、いつもゲーム機のボタンの感触や、UFOキャッチャーの難易度の設定、施設の清掃状況を論じていました。

ミリオンセラーを連発する編集者Tさんは、ツイッターでこんなことを書いていました。

「『なぜ売れたか』をどんなに分析しても売れる本はつくれない。なぜならそれは評論家の問いの立て方だから。編集者が考えるべきは『どうすれば売れるか』。ものづくりにおいて大事なのは、WHYではなくHOWなのだと思う」

人間、教養がつけばつくほど「WHY」を論じたがり、「WHAT」や「HOW」を疎かにするようになります。でも、実際に世の中を動かすのは、「WHAT」や「HOW」の力なのです。

あなたが何をするかが、あなたの家族や会社、社会に大きな影響を与えるのです。

そして、「WHY」と違って、「WHAT」「HOW」には人の数だけ答えがある。どれが正しい答えかは、誰にもわからないのです。

ただひとつだけわかるのは、教養書を読もうと、ビジネス書を読もうと、答えは自分で見つけるしかないということ。そしてそれにはリスクが伴うということです。

ホメロスの叙事詩を信じ、全財産を投じてトロイア遺跡を発掘した英雄シュリーマンは、その「濫掘」によって多くを破壊したと後世の学者に批判されています(『古代への情熱』)。

しかし、もし彼が挑まなかったら、われわれは今日も、トロイアの実在を知ることはなかったでしょう。

だから、ビジネスマンは「批評家」に惑わされてはいけない。

リスクを冒して実行する。そこにしか、事業の発展も社会の発展もないのです。

負け続けた日本人の心の振り子は、今、勝利を求めています。でも、勝利するためには、シュリーマンを突き動かしたような情熱が、あなたにもあることを知る必要があります。

最後に、名著**『自分の中に毒を持て』**（青春文庫、１９９３）に登場する岡本太郎の有名な言葉と、インテルの元会長、アンドリュー・グローブの言葉を引用して終わりましょう。

「危険だ、という道は必ず、自分の行きたい道なのだ」

（同書P28）

「Only the Paranoid Survive」（偏執狂だけが生き残る）

『インテル戦略転換』（アンドリュー・グローブ著、七賢出版、１９９７）の原題これからも「ビジネスブックマラソン」を書きながら、みなさんの勝利を応援しています。
このたびは拙著をお読みいただき、ありがとうございました。

土井英司

郵便はがき

料金受取人払

麹町支店承認

2135

差出有効期間
平成26年
3月10日まで
（切手不要）

102-8790

209

東京都千代田区平河町2-16-1

Discover
ディスカヴァー
行

ディスカヴァーの本をご注文くださる場合は以下にご記入ください。

●このハガキで小社の書籍がご注文になれます。

●ご注文いただいた本は、小社が委託する本の宅配会社ブックサービス（株）より、1週間前後でお届けいたします。代金は、お届けの際、下記金額をお支払ください。

お支払金額＝税込価格＋手数料

（手数料は税込価格合計1500円未満の場合500円、1500円以上の場合200円）

●電話やFAX、小社Webサイトでもご注文を承ります。

http://www.d21.co.jp　電話 03-3237-8321　FAX 03-3237-8323

ご購入になる書名	税込価格	冊数

フリガナ
お名前

ご住所　（〒　　―　　）

お電話　　（　　）

◆本書をお求めいただきありがとうございます。ご返信いただいた方の中から、抽選で毎月5名様に**オリジナル図書カード（1000円分）をプレゼント！**◆小社の新刊や読者プレゼント、イベント等のご案内、アンケートをお送りすることがあります。**◆メールアドレスをご記入いただいた方には**新刊情報や既刊のコンテンツをピックアップした小社のメルマガをお届けします。

フリガナ お名前	男 女	年　月　日生　歳
e-mail (PC)　　@ e-mail (携帯)　　@		
ご住所　（〒　　ー　　） 電話　　（　　）		
ご職業　1 会社員（管理職・営業職・技術職・事務職・その他）2 公務員　3 教育職 4 医療・福祉（医師・看護師・その他）5 会社経営者　6 自営業 7 マスコミ関係　8 クリエイター　9 主婦　10 学生（小・中・高・大・その他） 11 フリーター　12 その他（　　）		
本書についてのご意見・ご感想をお聞かせください		

ご意見ご感想は小社のWebサイト上でも簡単に送信できます。→http://www.d21.co.jp/html/contact_us
ご記入ありがとうございました。ご感想を匿名で広告等に掲載させていただくことがございます。ご了承ください。
なお、いただいた情報が、上記の小社の目的以外に使用されることはありません。

ディスカヴァー携書　080
土井英司の「超」ビジネス書講義

発行日　2012年5月30日　第1刷

Author　土井英司

Book Designer　遠藤陽一（DESIGN WORKSHOP JIN Inc.）

Publication　株式会社ディスカヴァー・トゥエンティワン
〒102-0093　東京都千代田区平河町2-16-1
平河町森タワー11F
TEL　03-3237-8321（代表）
FAX　03-3237-8323　http://www.d21.co.jp

Publisher　干場弓子

Editor　千葉正幸　（編集協力：青木由美子）

Marketing Group Staff　小田孝文　中澤泰宏　片平美恵子　井筒浩　飯田智樹
佐藤昌幸　鈴木隆弘　山中麻吏　猪狩七恵　古矢薫
伊藤利文　米山健一　原大士　井上慎平　芳賀愛
山﨑あゆみ　郭迪　蛯原昇　中山大祐　林拓馬
本田千春

Assistant Staff　俵敬子　町田加奈子　丸山香織　小林里美　井澤徳子
古後利佳　藤井多穂子　片瀬真由美　藤井かおり
福岡理恵　葛目美枝子　小藤田呂美

Operation Group Staff　吉澤道子　小嶋正美　松尾幸政　千葉潤子　鈴木万里絵
福永友紀
Assistant Staff　竹内恵子　熊谷芳美　清水有基栄　小松里絵　川井栄子
伊藤由美　リーナ・バールカート

Productive Group Staff　藤田浩芳　原典宏　林秀樹　石塚理恵子　三谷祐一
石橋和佳　大山聡子　徳瑠里香　堀部直人　田中亜紀
大竹朝子　堂山優子　伍佳妮

Digital Communication Group Staff　小関勝則　谷口奈緒美　中村郁子　西川なつか　松原史与志

Proofreader & DTP　インターブックス

Printing　凸版印刷株式会社

ISBN978-4-7993-1163-9

携書フォーマット：長坂勇司